Almut Pfeiffer

Das lustige

Bilder und Geschichten zum Alphabet

Kopiervorlagen für die 1. und 2. Jahrgangsstufe

Gezeichnet von Violetta Żużalek

Ⓐⱽ Auer Verlag GmbH

Dieses Buch widme ich meinem Mann
und meinen Kindern Constanze und Markus.

Gedruckt auf umweltbewusst gefertigtem, chlorfrei gebleichtem
und alterungsbeständigem Papier.

3. Auflage. 1998
Nach der Neuregelung der deutschen Rechtschreibung
© by Auer Verlag GmbH, Donauwörth
Alle Rechte vorbehalten
Gesamtherstellung: Ludwig Auer GmbH, Donauwörth
ISBN 3-403-02210-2

Inhalt

Einführung

Der pädagogische Markt bietet eine Fülle von Materialien, die den Schülern das Lernen der Buchstaben erleichtern sollen. Vielfach handelt es sich dabei um einzelne Bilder, die ohne inneren Zusammenhang aneinander gereiht sind. Vom konkreten Gegenstand ausgehend sollten die Kinder überprüfen, ob der zu erarbeitende Buchstabe im Wort enthalten ist oder nicht.

Gerade bei schwächeren Schülern zeigt sich, dass isolierte Einzelbilder häufig nicht zum gewünschten Erfolg führen, da sie solche Bilder nur oberflächlich wahrnehmen. Eine längerfristige Einprägung der Bildinhalte mit den zugehörigen Buchstaben erfolgt meist nicht. Dafür gibt es verschiedene Gründe.

Zum einen fehlt dieser Art von Bildern der innere Zusammenhang. Da aber Schulanfänger sehr stark ganzheitlich denken, entsprechen zusammenhanglose Bilder nicht ihrer Vorstellungswelt. Zum anderen ist die Motivation, die von diesen Einzeldarstellungen ausgeht, sehr gering. Die Kinder haben zwar begrenzt Freude an den Bildern, aber wenn das Blatt abgelegt ist, ist auch die damit verbundene Aufgabe schnell vergessen; entsprechend niedrig ist der Lernerfolg.

Da die Kinder sich persönlich nicht angesprochen fühlen, bauen sie auch keine innere Beziehung zu den Bildern auf. Für einen nachhaltigen Lernerfolg ist eine positive Einstellung von überaus großer Bedeutung. Ebenso verhält es sich beim Lernen durch Assoziation. Bei isolierten Bildern besteht keine optische Einheit zwischen dem Buchstaben, der gelernt werden soll, und einem zugehörigen Gegenstand. Die konkrete Ebene wird nur kurz gestreift, der Buchstabe als abstraktes Zeichen hat den Vorrang. Somit wird er nur vordergründig erarbeitet. Die konkrete Ebene wird nicht als Symbolträger genutzt. Damit verliert das Bild eine wichtige Funktion.

Auf diesem Hintergrund entstanden die vorliegenden Buchstaben-Bildgeschichten. Sie wurden von der Autorin in der Unterrichtspraxis entwickelt und in der täglichen Arbeit mit Kindern verändert und erweitert. Erfahrungsgemäß macht den Kindern die Arbeit mit diesen Blättern großen Spaß.

Das Neue an diesem Konzept ist, dass jeder Buchstabe seine eigene Bildgeschichte hat. Der Buchstabe steht deutlich erkennbar im Mittelpunkt des Bildes. Um ihn gruppieren sich eine Anzahl weiterer Gegenstände, die inhaltlich in einem Zusammenhang stehen und diesen Buchstaben ebenfalls in ihrer Lautgestalt aufweisen. Weil die dargestellte Situation der Erlebniswelt der Schüler entspricht, ist die Motivation weitaus größer und nachhaltiger als bei Einzelbildern. Die Kinder fühlen sich angesprochen, deshalb fällt ihnen das Lernen leichter. Mit dem jeweiligen Buchstaben ist ein *bestimmter* Gegenstand verbunden, der für ihn zum *Symbolträger* wird. Die Schüler assoziieren mit dem konkreten Gegenstand den abstrakten Buchstabn. Das einmal gewählte Symbol taucht auch auf den anderen Arbeitsblättern auf und verstärkt somit den Lernerfolg.

Das vorliegende Material dient nicht nur als Grundlage für die Buchstabenanalyse im 1. Schuljahr, sondern wird auch in der 2. Klasse eingesetzt: Hier unterstützt es die Aufsatz- und Grammatikarbeit.

Nun könnte eingewendet werden, dass bei so häufiger Verwendung des gleichen Materials die Motivation erlahmt. Meine Erfahrung zeigt aber, dass dies nicht so ist, wenn für die unterschiedlichen Zielsetzungen auch verschiedene Bilder verwendet werden. Das heißt: Nach der abgeschlossenen Buchstabenanalyse sollte ein Bild jeweils nur einmal entweder für die Aufsatzarbeit oder die Spracherziehung oder das Rechtschreiben eingesetzt werden. Die Schüler sind gerne bereit, noch einmal mit dem bekannten Material zu arbeiten, da sie vom 1. Schuljahr her einen positiven emotionalen Bezug dazu haben.

Mit dem Material „Das lustige Abc" steht eine Arbeitsgrundlage für zwei Schuljahre zur Verfügung, was eine wesentliche Erleichterung der Unterrichtsplanung und -durchführung bedeutet. Alle Bereiche des Faches Deutsch werden abgedeckt, das mühsame Suchen nach neuen Materialien entfällt.

Aufbau und Intention der Abc-Bilder

Das Material besteht aus vier Arbeitsblättern je Buchstabe, die für die Hand des Schülers bestimmt sind, sowie weiteren Materialien für den Lehrer.
– Gesamtbild
– Bildausschnitte
– Buchstabenausschnitt
– Buchstabensuchbild
– Vorlesegeschichte
– Wortliste
– Übungstexte zum sinnentnehmenden Lesen

Arbeitsblätter für die Schüler:

Gesamtbild

Jedes Bild zeigt eine Situation, die den Kindern vertraut ist. Mal ist es der eigene Erlebnisbereich, mal sind es Tiere oder auch Märchenmotive. In diesen Rahmen sind Gegenstände eingebettet, die in ihrer Lautgestalt den zu erlernenden Buchstaben tragen. Aber auch andere Dinge sind zu sehen, die diesen Buchstaben nicht aufweisen.

Dadurch soll ein differenziertes Hören erreicht werden.

Mit dem Bildmaterial wird auch die Begriffsbildung gefördert. In der Praxis zeigt sich häufig die sprachliche Armut vieler Kinder. Das Beschreiben von Gegenständen und die Suche und Auswahl des hier richtigen Begriffes ist ein wichtiger Beitrag für die Sprachförderung der Erstklässler.

Ein weiterer Schritt ist die Satzbildung, das Üben von Sprachmustern. In den letzten Jahren zeigte sich verstärkt, dass eine ganze Reihe von Kindern eine Situation zwar diffus erfasst, jedoch Mühe hat sich sprachlich auszudrücken.

Das Erkennen eines Sachverhaltes und die sprachliche Wiedergabe werden mit den Bildern möglichst behutsam, aber konsequent trainiert.

Die Arbeit mit den Bildern verhindert eine zu einseitige Fixierung auf den Buchstaben. Dieser ist in einen großen Gesamtzusammenhang eingebettet. Von der Geschichte ausgehend, über den Satz, zum Wort hin wird der Buchstabe erarbeitet. Danach führt der Weg vom Buchstaben durch die Synthese zum Wort, dann zum Satz hin bis zur Geschichte.

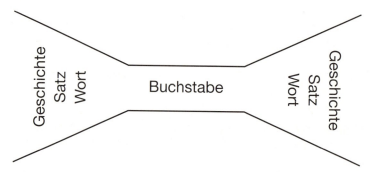

Bildausschnitte

Das zweite Arbeitsblatt zeigt Teilausschnitte des Gesamtbildes. Es ist als Lernzielkontrolle gedacht. Hiermit wird das eben Gelernte, das Hören eines bestimmten Buchstabens, gefestigt.

Buchstabenausschnitt

Dieses Blatt gliedert sich in zwei Teile. Links ist der Großbuchstabe mit dem sich mit ihm verbindenden Gegenstand dargestellt, rechts der Kleinbuchstabe. Hier steht der schreibmotorische Aspekt im Vordergrund. Durch die farblich unterschiedliche Bearbeitung durch die Schüler (Großbuchstabe rot, Kleinbuchstabe blau, siehe Arbeitsanweisung) wird zugleich optisch unterschieden, was den Lernprozess erneut festigt.

Buchstabensuchbild

Dieses Bild soll das optische Training unterstützen. Ebenso wie beim Buchstabenausschnitt gliedert es sich in zwei Teile. Diese zeigen wieder das Symbolbild, das hier mit allen Buchstaben des Alphabets gefüllt ist. Hierin sollen jeweils fünf Exemplare des erarbeiteten Groß- und Kleinbuchstabens wiedererkannt werden. Der auszugliedernde Buchstabe wird entsprechend dem Vorblatt rot bzw. blau eingekreist. Aber nicht nur der neue Buchstabe soll geübt werden, sondern auch die bereits gelernten Buchstaben werden wieder aufgegriffen und grün umrandet. Damit wird das Erarbeitete ins Gedächtnis zurückgerufen.

Zusätzliche Materialien:

Buchstabenkarten zum Aufhängen

Hier handelt es sich um Karten im DIN-A 4-Format. Auf ihnen ist jeweils der Groß- und der Kleinbuchstabe mit dem entsprechenden Symbol abgebildet. Sie sollen im Klassenzimmer für alle deutlich sichtbar aufgehängt werden und dienen den Schülern als Gedächtnisstütze.

Vorlesegeschichte

Zu jedem Bild gehört eine kleine Geschichte, in welcher der zu übende Buchstabe gehäuft auftritt. **Diese Geschichte ist ausschließlich zum Vorlesen durch den Lehrer gedacht.** Sie weist neben den Substantiven Verben und Adjektive auf, die bei der vorangegangenen Bildbesprechung keine Berücksichtigung finden konnten, die aber den zu erarbeitenden Buchstaben enthalten. Auch hier wird das genaue Hinhören des Schülers erneut gefordert.

Wortliste

Jedem Buchstabenblatt ist eine Wortliste beigefügt. Sie umfasst alle auf dem Bild vorkommenden Gegenstände mit dem betreffenden Buchstaben, der mit dem Bild erarbeitet worden ist. Damit wird dem Lehrer die Wortsammlung abgenommen. Er kann mit ihr beliebig arbeiten; Anzahl und Auswahl im Schwierigkeitsgrad der Wörter passt er den Fähigkeiten seiner Schüler an.

Übungstexte zum sinnentnehmenden Lesen

Wenn die Schüler alle Buchstaben kennen und der Syntheseprozess abgeschlossen ist, beginnt die letzte Stufe des Lesenlernens: das sinnentnehmende Lesen.
Dieser Abschnitt wird von den Schülern zu verschiedenen Zeitpunkten erreicht. Also muss differenziertes Übungsmaterial angeboten werden, mit dem die Schüler nach ihrem individuellen Leistungsstand arbeiten können.
Den Wortlisten folgen nun Sätze in zwei unterschiedlichen Schwierigkeitsgraden. Für jedes Buchstabenbild gibt es zwei verschiedene Satzgruppen:
● Gruppe A mit einfachem Wortmaterial und einfachem Satzbau.
● Gruppe B mit schwierigeren Wörtern und etwas anspruchsvollerem Satzbau.
Jede Gruppe besteht aus zehn Sätzen, die sich auf die Bildgeschichte beziehen. Davon sind fünf inhaltlich richtig, fünf jedoch falsch.
Um die Lesesicherheit zu trainieren, werden vor allem in der Gruppe A häufig dieselben Wörter verwendet.

Einsatz des Bildmaterials zur Buchstabenanalyse (1. Schuljahr)

Jedes Kind bring zum Schulanfang einen DIN-A 4-Ringbuchordner und ein Abc-Register mit. Hier werden im Laufe der Monate die Arbeitsblätter richtig eingeordnet. Das klappt nicht sofort. Meist gibt es in jeder Tischgruppe Schüler, die das Einordnen schnell erfasst haben und den anderen helfen können. Natürlich steht auch der Lehrer den Kindern bei, aber der selbstständige Umgang mit dem Ordner ist unter anderem auch ein Lernziel.

Vorbereitend fertigt der Lehrer von jedem Bild eine Folienkopie und einen Klassensatz an.

Die Arbeitsweise mit dem Material ist abhängig von der Erfahrung im Umgang mit den Bildern. Am Anfang des Schuljahres wird der Lehrer die Schüler mehr leiten müssen. Zu einem späteren Zeitpunkt können sie zunehmend selbstständig, bis hin zum freien Arbeiten, damit umgehen.

Die Materialien können vielseitig im Unterricht eingesetzt werden. Ohne den Lehrer einengen zu wollen, werden hier verschiedene mögliche Arbeitsweisen skizziert.

Inhaltliche Besprechung des Bildes (Begriffs- und Satzbildung)

Die Kinder sitzen im Halbkreis um den Tageslichtprojektor. Das Buchstabenbild wird an die Projektionswand geworfen. Manche Kinder erkennen spontan den Buchstaben. Der Lehrer bestätigt die Antwort. Wenn die Schüler den Buchstaben nicht nennen können, stellt er diesen vor. Die gezeigte Situation steht nun als Sprechanlass im Vordergrund. Wenn einer der Begriffe manchen Schülern (z. B. ausländischen Kindern) nicht bekannt ist, wird er im Unterrichtsgespräch geklärt. Außerdem ist darauf zu achten, dass die Schüler sich nicht in Wortfetzen äußern, sondern möglichst einen ganzen Satz formulieren. Um dies zu unterstützen zeigt das Kind, das den Satz spricht, mit dem Zeigestab die entsprechende Stelle an der Projektionswand. Wenn ein Kind das nicht schafft, darf es nicht in Sprachlosigkeit gedrängt werden, sondern mit dem genannten Begriff wird *gemeinsam* ein Satz gebaut. Der Inhalt des Bildes muss vom Sachverhalt und den Wortbegriffen den Kindern unbedingt deutlich sein. Der Lehrer achtet darauf, dass die Wörter sauber artikuliert und mehrfach von verschiedenen Schülern nachgesprochen werden. Kinder, die hierbei Schwierigkeiten haben, führt man behutsam zu einer korrekten Sprechweise.

Buchstabenanalyse

Der Lehrer nennt noch einmal den betreffenden Buchstaben. Ein Kind zeigt auf einen Gegenstand mit diesem Buchstaben, ein anderes nennt den Begriff, die übrigen hören das Wort auf den Laut hin ab und bestimmen seinen Standort im Wort: Anfang, Mitte oder Schluss. Um den Kindern diese unterschiedliche Stellung fühlbar deutlich zu machen, zeigen die Schüler mit der Hand für den Wortanfang auf den Kopf, für die Mitte auf den Bauch und für den Schluss auf das Gesäß. Somit wird auch sensorisch die Stellung des Buchstabens eingeprägt.

Ein weiteres Kind darf nun in den Gegenstand auf der Folie den Buchstaben eintragen. Zur optischen Unterscheidung werden dabei **Großbuchstaben** *rot,* **Kleinbuchstaben** *blau* geschrieben. Wenn alle Wörter gefunden sind, wird der Projektor abgeschaltet. Die Schüler setzen sich an ihre Plätze zurück, erhalten die Kopie des Bildes und tragen den Buchstaben wie auf der Folie ein. Als Hilfe dürfen sie mit dem Partner oder mit der Gruppe zusammenarbeiten. Im Zweifelsfall schalten sie den Projektor *kurz* zur Kontrolle ein oder wenden sich an den Lehrer.

Wenn die Kinder schon über eine gewisse Erfahrung im Abhören von Wörtern verfügen, bietet sich ein anderes Vorgehen an:

Nach der gemeinsamen Bildbesprechung (siehe oben, Klärung des Inhaltes und der Begriffe) dürfen die Schüler sich ohne vorangegangene Buchstabenanalyse auf die Suche nach Wörtern mit dem betreffenden Buchstaben begeben und ihn auf ihrem Blatt in die Gegenstände eintragen. Hilfe gibt der Partner, die Gruppe oder die Nachbargruppe und, wenn es gar nicht mehr geht, der Lehrer.

Er unterstützt inzwischen die schwachen Kinder bei der Erarbeitung. Was früher mit der ganzen Klasse gemacht wurde, geschieht nun in dieser kleinen Gruppe. Die Ergebnisse der selbstständig arbeitenden Schüler werden am Ende gesammelt und von ihnen auf die Folie eingetragen.

Die Hörfähigkeit der Schüler kann zusätzlich in spielerischer Form geübt werden. Dazu wird das Bild an die Wand projiziert. Wie bei dem Spiel „Ich sehe was, was du nicht siehst" beschreibt der Lehrer einen Gegenstand, der den Buchstaben aufweist und von den Schülern gesucht werden soll. Wer den Begriff richtig nennt, darf den nächsten Schüler aufrufen.

Bildausschnitte

Zur Vertiefung führt die Arbeit mit dem zweiten Blatt. Hier finden die Kinder Ausschnitte, die dem Gesamtbild entnommen sind. Sie betrachten die Details und suchen die betreffende Stelle auf dem ersten Blatt. Dabei müssen sie die Bildausschnitte wiedererkennen und gleichzeitig überprüfen, ob diese den Buchstaben beinhalten oder nicht. Das falsche Bild wird durchgestrichen. Eine andere Möglichkeit ist das Ausmalen des Gegenstandes, der den gesuchten Buchstaben enthält.

Auch in Stütz- und Förderkursen wird das Material parallel zum Deutschunterricht eingesetzt. Hier wird noch einmal gemeinsam besprochen, wie die Gegenstände heißen, wobei darauf gachtet werden soll, dass die Schüler deutlich und sauber artikulieren.

Wer sich das Arbeitsblatt für die Schüler ersparen möchte, kann mit der Folienprojektion arbeiten. Die Klasse überlegt gemeinsam. Der Schüler, der ein „falsches" Bild entdeckt hat, darf es auf der Folie durchstreichen.

Auch dieses Blatt kann in Einzel-, Partner- oder Gruppenarbeit sowie als Hausaufgabe bearbeitet werden.

Vorlesegeschichte

Eine zusätzliche akustische Übungmöglichkeit bietet die Vorlesegeschichte. Sie ist **ausschließlich für das Vorlesen durch den Lehrer** gedacht. Zunächst wird sie einmal *langsam* im Ganzen vorgelesen, damit die Schüler zuerst den Sinn verstehen. Nun wird sie zum zweiten Mal Wort für Wort gelesen. Die Schüler bekommen hierzu zwei Aufgaben.

1. Sie sollen genau hinhören, in welchen Wörtern der Buchstabe enthalten ist.
2. Sie sollen nach dem Lesen des Satzes die Wörter nennen können.

Hier wird darauf verzichtet, die Schüler die Position des Buchstabens im Wort nennen zu lassen. Dies wurde ja schon beim Gesamtbild erarbeitet. Die erneute Zuordnung würde zu einem Motivationsverlust führen. Während der Lehrer langsam vorliest, dürfen die Kinder die betreffenden Buchstaben dazwischenrufen oder die Hand heben. Mitschüler, die evtl. Probleme in der akustischen Differenzierung haben, werden dadurch erneut auf ein Wort aufmerksam gemacht, das ihnen vorher entgangen ist. Durch das Nennen des Wortes wird ihr Gehör noch einmal geschärft.

Buchstabenausschnitt

Das dritte Arbeitsblatt dient zur optischen Festigung. Hier wird erneut ein Teil des Buchstabenbildes verwendet. Jeder Groß- und Kleinbuchstabe ist ja in den Bildern mit einem konkreten Gegenstand verbunden. Dieser hier taucht noch einmal auf, z. B. der Affe im großen A, der Elefant im kleinen a. Die Kinder sollen den Buchstaben frei ohne Lineatur in Druckschrift um das vorgegebene Beispiel schreiben. Dabei ist es aus lernpsychologischen Gründen wünschenswert, wenn wieder in unterschiedlichen Farben geschrieben wird:

Großbuchstaben rot,

Kleinbuchstaben blau.

Damit wird jedes Blatt ansprechender, vor allem optisch einprägsamer. Die jeweiligen Gegenstände dürfen, soweit der Buchstabe in seiner **Lesbarkeit nicht verdeckt** wird, ausgemalt werden (z. B. mit Holzfarben). Um den Schülern eine zusätzliche Hilfe zu bieten, ist es empfehlenswert, diese Ausschnitte an der Wand aufzuhängen.

Dazu schneidet der Lehrer den Buchstaben mit dem Bild aus. Damit das Material auch in späteren Schuljahren verwendet werden kann, wird es auf Karton geklebt und mit durchsichtiger Selbstklebefolie überzogen.

Diese Kärtchen werden im 1. Schuljahr in der Reihenfolge aufgehängt, wie sie erarbeitet wurden. Die Schüer erhalten somit eine zusätzliche Orientierungshilfe.

Mit diesem Arbeitsblatt wird erneut das Abstrakte, der Buchstabe, mit dem Konkreten, dem Bild, verbunden. Das vertraute Material wird noch einmal verwendet. Es unterstützt und fördert die Merkfähigkeit.

Die Fibel „Bunte Lesewelt" aus dem Auer Verlag arbeitet mit einem Buchstabenzug. Jeder neue Buchstabe ist auf einem Waggon abgebildet und an den Zug in der Reihenfolge, wie er gelernt wird, angehängt. Diese Idee gefällt den Schülern sehr; deshalb ist es sinnvoll, wenn der Lehrer mithilfe einer Schablone solche Wagen aus farbigem Karton anfertigt und die Buchstaben darauf schreibt. Das Bähnchen wird im Klassenzimmer aufgehängt.

Dazu kommt im *1. Schuljahr* über jeden Wagen der entsprechende Buchstabenausschnitt. Im *2. Schuljahr* lässt man ihn weg. Damit wird unterstützt, dass die Schüler den Schritt vom konkreten, anschaulichen Buchstaben*bild* hin zum abstrakten Buchstaben gehen.

Buchstabensuchbild

Nachdem die Schüler den neuen Buchstaben auf dem vorangegangenen Blatt geschrieben haben, sollen sie sich nun auf Buchstabensuche begeben. Auch hier ist der Großbuchstabe links, der Kleinbuchstabe rechts zu finden. In der Zeichnung, die das Symbol für den betreffenden Buchstaben zeigt (z. B. der Affe im A), ist fünfmal der entsprechende Buchstabe im Abc versteckt. Nun sollen die Schüler ihn wiedererkennen. Wie bereits geübt, wird auch hier der Großbuchstabe rot und der Kleinbuchstabe blau eingekreist. Darüber hinaus ist es sinnvoll, die schon bekannten Buchstaben mit einzubeziehen. Sie werden grün umrandet. Natürlich haben diese Buchstaben mit dem Symbol nichts oder nur teilweise zu tun, aber durch die farbliche Abgrenzung wird dies ja deutlich gemacht. Die Schüler üben an diesem Blatt den neuen Buchstaben, wiederholen aber zugleich das bereits Erlernte.

Wortliste

Sie enthält die Wortsammlung für jedes Gesamtbild. Erst wenn die Kinder nach ungefähr einem halben Jahr über eine gewisse Lesefähigkeit verfügen, kommt sie zum Einsatz.

Zwei Arbeitsweisen bieten sich an:

1. Einsatz als Schreibübung

Der Lehrer benötigt hierfür einen Klassensatz DIN-A 4-Blätter mit Lineatur 1. Das Blatt wird der Länge nach gefaltet. Links sollen die Wörter in Druckschrift, rechts in Schreibschrift aufgeschrieben werden. Dabei wird der betreffende Buchstabe rot bzw. blau eingekreist. Der Lehrer schreibt die Wörter in den beiden Schriftarten an die Tafel, die Schüler übertragen sie auf das Blatt. Er kann aber auch nur Druckschrift verwenden, die Kinder schreiben ab und ergänzen in Schreibschrift. Da zu diesem Zeitpunkt noch nicht alle Buchstaben beherrscht werden, bleibt gegebenenfalls die entsprechende Stelle auf der rechten Seite frei. Später wird dies nachgetragen (z. B. als Hausaufgabe ergänzen lassen).
Das Blatt wird an der richtigen Stelle im Abc-Ordner eingeheftet.

2. Freiarbeit mit Wortkärtchen

Vorbereitend kopiert der Lehrer die Wortliste, schneidet die Wörter einzeln aus, klebt sie auf Pappe und bezieht sie mit durchsichtiger Selbstklebefolie. Das Buchstabenbild wird auf DIN A 3 vergrößert, ebenfalls auf Karton geklebt und mit Folie bezogen. So wird jedes Buchstabenbild bearbeitet.
Die Wortkärtchen kommen in eine Klarsichthülle und werden zusammen mit dem Buchstabenbild in einem Karton im Klassenzimmer so aufgestellt, dass die Schüler jederzeit Zugang haben. Aus der gesamten Abc-Sammlung kann sich der Schüler ein Buchstabenblatt aussuchen. Der Lehrer hat für jedes Kind eine Karte vorbereitet, auf der der Schülername steht. Hier wird mit Datum vom Lehrer eingetragen, später auch von den Kindern selbst, welcher Buchstabe gewählt und wie viele Wörter *richtig* gelegt wurden. Der individuelle Lernerfolg wird somit festgehalten. Ist die Gesamtwortzahl erreicht, gibt es eine Anerkennung.
Diese Form des Übens ist auch für ausländische Kinder geeignet. Sie trainieren ihr Lesen, ihre Sprachfähigkeit und ihren Wortschatz.

Arbeit mit den Übungstexten

Der Lehrer kopiert die Sätze und schneidet sie auseinander. Die Sätze können auch auf Karton aufgeklebt und mit Folie bezogen werden. Die Rückseite wird mit zwei verschiedenen Farben gekennzeichnet, z. B. die einfachen Sätze erhalten einen grünen, die schwierigen einen roten Punkt. Jede Satzgruppe wird in einem außen mit der entsprechenden Farbe gekennzeichneten Umschlag in die schon früher erwähnten Klarsichthüllen zu den Wortkärtchen gelegt.
Spätestens in der zweiten Hälfte des 1. Schuljahres haben einige Schüler den Syntheseprozess abgeschlossen. In der nun folgenden Zeit soll die Lesefähigkeit in Richtung sinnentnehmendes Lesen gefestigt werden. In Verbindung mit den Buchstabenbildern, die den Schülern inhaltlich hinreichend bekannt sind, wird dieser Prozess wesentlich gefördert. In Partnerarbeit wird Satz für Satz gelesen, auf seine Richtigkeit überprüft und dann an die entsprechende Stelle ins Bild gelegt oder als falsch aussortiert. Mir scheint hier die Partnerarbeit besonders wichtig und hilfreich zu sein, da das gemeinsame Lesen die Richtigkeit unterstützt und durch das Hören des gemeinsamen Sprechens das Sinnentnehmen erleichtert wird.
Dem Lehrer wird bei der Kontrolle auch deutlich, ob die Schüler den Inhalt verstanden haben, ob sie den Satz auch fertig gelesen haben oder ob sie nur oberflächlich hingeschaut haben. Die Praxis zeigt leider,

dass so mancher Schüler die Buchstaben zusammenlesen kann, aber nicht weiß, was er gelesen hat. Daher ist die Verbindung von Bild- und Satzmaterial eine sinnvolle Übungsmöglichkeit. Sie trainiert die Lesefähigkeit und bietet zugleich eine Kontrolle, ob das Gelesene verstanden wurde. Zeigen die Schüler eine gewisse Sicherheit, kann auf die Satzgruppe B übergegangen werden. Den Zeitpunkt dafür entscheiden Lehrer und Schüler gemeinsam.

Für die schwächeren Schüler setzt das sinnentnehmende Lesen später ein. In Förderkursen bietet sich hier eine gute Gelegenheit zum Üben. Zunächst erarbeiten alle mit dem Lehrer oder auch in Kleingruppen die Sätze. Dann darf sich der Schüler die Buchstabenbilder dazu selbst aussuchen und daran üben. Im Laufe der Zeit dürfen auch sie selbst entscheiden, ob sie die leichteren oder schwierigeren Texte lesen wollen.

Dieses Material bietet sich hervorragend für die Freiarbeit an. Die Schüler können sich das Material selbst aussuchen und damit üben.

Buchstabenkarten zum Aufhängen

Nicht jeder hat aus Platzgründen die Möglichkeit, die Buchstabenbilder im DIN-A 3-Format im Klassenzimmer aufzuhängen. Die Schüler im 1. Schuljahr brauchen aber unbedingt eine Orientierungshilfe. Diese Karten können an einem für die Schüler sichtbaren Platz, im vorderen Raum des Klassenzimmers oder auf einer Leine, die ebenfalls im vorderen Aktionsraum angebracht wird, aufgehängt werden. Wenn ein Kind sich an einen Buchstaben nicht mehr erinnern kann, holt es sich hier selbstständig und ohne zusätzlichen Aufwand die Information ein. Dies fällt umso leichter, da der Buchstabe mit dem entsprechenden Symbol dargestellt wird.

Der farbige Rahmen sollte bei den einzelnen Buchstaben unterschiedlich gestaltet werden. So sind die Konsonanten blau, sch, ch, st, sp grün. Rot steht für die Vokale, Orange für den Umlaut ä und die Diphtonglaute ei, eu, au, äu. Mit der farbigen Kennzeichnung werden Zusammenhang und Unterschiede deutlich.

Da im 2. Schuljahr die Vokale und Konsonanten behandelt werden, hilft der farbige Rahmen bei der Festigung.

Im 1. Schuljahr wird diese Unterscheidung durch indirektes Lernen angebahnt.

Spielerischer Einsatz in Freiarbeit und Förderkursen

Sternchenspiel

Dieses Spiel kann auch ohne Beteiligung des Lehrers durchgeführt werden. Ein auf DIN A 3 vergrößertes Buchstabenbild liegt in der Mitte der Kinder, die auf dem Fußboden oder in der Tischgruppe sitzen. Ein Schüler ist Spielleiter. Er bestimmt: Wo steht der Buchstabe im Wort? Am Anfang, in der Mitte, am Schluss? Jetzt suchen die Mitspieler entsprechende Wörter. Dabei werden verschiedene genannt. Auf das richtig gesagte Wort wird ein buntes Plättchen oder dergleichen gelegt. Das Kind, das ein richtiges Wort gefunden hat, erhält vom Spielleiter ins Heft oder auf ein „Sammelkärtchen" ein Klebesternchen. (Man kann das auch mit Strichen machen, doch ist die Motivation mit Sternchen weitaus größer.) Wer die meisten Sternchen hat, ist „Sternchenkönig". (Das Klebesternchen ist durch andere Aufkleber ersetzbar, z. B. Mäuse usw.)

Galgenspiel

So makaber dieser Name auch klingen mag, handelt es sich doch um ein äußerst beliebtes Spiel. Auch hier kann die Gruppe ohne Lehrer arbeiten. Das Buchstabenbild dient wieder zur Orientierung bei der Wortfindung. Der Spielleiter in der Gruppe sucht sich ein Wort mit dem zu übenden Buchstaben, z. B. -i- oder -l- aus. Er entscheidet sich z. B. für „Omnibus". Dieses Wort sagt er aber nicht, sondern macht für jeden Buchstaben auf der Tafel oder einem Blatt einen Strich. Für „Omnibus" sind das also sieben Striche nebeneinander. Es wird aber nicht verraten, wo das -i- liegt. Es darf erst am Schluss eingetragen werden. (Für schwächere Kinder wird das -i- gleich eingesetzt.) Der Reihe nach schlagen die Kinder Buchstaben vor. Richtige werden vom Spielleiter an den entsprechenden Platz geschrieben. Falsche Buchstaben werden unter die Striche eingetragen und durchgestrichen, damit sie nicht noch einmal genannt werden. Der Leiter zeichnet für jeden Buchstaben einen Strich, und zwar so angeordnet, dass ein Galgen mit Männchen entsteht:

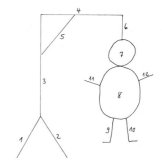

Die Zahlen verdeutlichen die Reihenfolge des entstehenden Galgens. Wer als Erster das fertige Wort richtig liest, bekommt einen Punkt. Wer das entstehende, noch unvollständige Wort richtig erkannt hat, darf es laut herausrufen. Das gibt natürlich einen Zusatzpunkt.

Silbenspiel

Mit diesem Spiel wird ebenfalls die Lesesicherheit trainiert. Jedes Kind hat das Bildblatt vor sich liegen. Der Lehrer schreibt zweisilbige Wörter, die auf dem entsprechenden Blatt enthalten sind, in Druck- oder Schreibschrift an die Tafel. Je nach Lesefähigkeit der einzelnen Schüler entscheidet er, wie viel Wörter aufgeschrieben werden. Außerdem berücksichtigt er deren Schwierigkeitsgrad. Die Schüler schreiben diese Wörter auf den Schreibblock mit Lineatur 1. Danach schneiden sie jedes Wort aus. Nun wird es an der Silbentrennungsstelle, z. B. *Pal-me,* auseinander geschnitten. Die Silbenkärtchen werden in zwei Häufchen getrennt und jeweils gemischt. Dann werden die Wortanfänge offen hingelegt, ebenso die zweite Silbe. Nun nimmt das Kind von dem ersten Häufchen ein Kärtchen und liest *Pal-.* Da es vom Bild her sofort erkennt, um welches Wort es sich handelt, legt es den Wortanfang an die entsprechende Stelle im Bild. Nun sucht es im zweiten Häufchen die dazugehörige Silbe.
Die Kärtchen können auch in Partnerarbeit gelegt werden. Ein Kind beginnt mit dem Wortanfang, das andere ergänzt. Nach einer vorher bestimmten Anzahl wird gewechselt.
Der Lehrer sollte auf keinen Fall fertige Wortkärtchen vorgeben, sondern die Schüler müssen sie unbedingt selbst schreiben. Das Geschriebene dann wieder zusammenzusetzen fällt leichter, da das Kind sich bereits vor Spielbeginn mit dem Wort befasst hat. Die Bildvorlage hilft dem Schüler bei der Orientierung, er muss so nicht unnötig raten.

Aufsatzarbeit mit dem Bildmaterial

Mündliche Erarbeitung

Bei der Einführung des jeweiligen Buchstabenbildes war nur der Inhalt geklärt und der Wortschatz erweitert worden. Die Bilder liefern aber auch einen sinnvollen Beitrag in der Hinführung zum Geschichtenerzählen. Es geht nun darum, sich in die Geschichte hineinzuversetzen. Besonders sind diejenigen Bilder geeignet, die der Erlebniswelt der Kinder entsprechen. Die Anzahl der dargestellten Aktivitäten ist von Bild zu Bild unterschiedlich. Deshalb können nur wenige Bilder im Ganzen erzählt werden, z. B. das A-, E- und G-Bild. Hier steht nur *ein* Ereignis im Mittelpunkt. Andere hingegen zeigen mehrere verschiedene Situationen, weshalb nur ein für die Kinder bedeutsamer Ausschnitt erzählt wird.

Dieser soll Sprechanlass sein
- eigene, ähnliche Erfahrungen zu erzählen,
- sie im Spiel darzustellen,
- sich in die einzelnen Personen hineinzudenken,
- ihre Gefühle und Gedanken aufzuspüren.

Schriftliche Erarbeitung

Wenn die Schüler über genügend Schreiberfahrung verfügen, ungefähr ab der Mitte des 2. Schuljahres, können sie die Geschichten auch aufschreiben.

Wie beim mündlichen Erzählen beschränkt man sich auf eine Situation, die mit der ganzen Klasse besprochen und an der Tafel notiert wird. Dabei ist unbedingt wichtig, gelungene Formulierungen der Kinder aufzugreifen und diese von ihnen selbst an die Tafel schreiben zu lassen. Der Lehrer hilft bei Rechtschreibproblemen. Die Erfahrung zeigt, dass die Kinder die Situationen unterschiedlich empfinden und auch unterschiedlich sprachlich ausdrücken. Diese weiteren Formulierungen dürfen nicht verloren gehen. Verschiedene Möglichkeiten finden an der Tafel nebeneinander Platz. Außerdem können sich die Schüler durch unterschiedliche Erzählperspektiven für diejenige entscheiden, die ihrer Gefühlslage am nächsten steht. Anschließend übertragen die Kinder ihre Geschichte ins Heft.

Anstelle des lehrerorientierten Vorgehens kann man Aufsatzarbeit auch freier gestalten. Voraussetzung ist natürlich, dass das Bild inhaltlich klar ist. Mit der Klasse wird besprochen, wer welche Situation beschreiben möchte. Die Schüler, die denselben Inhalt darstellen wollen, setzen sich in einer Gruppe zusammen und erarbeiten gemeinsam ihren „Aufsatz". Am Ende trägt jede Gruppe ihr Ergebnis vor. Eine mögliche Korrektur sollte behutsam im Unterrichtsgespräch so vorgenommen werden, dass der Lehrer die Sprachfähigkeit fördert, aber sich weitgehend auf die Äußerungen der Schüler stützt und so wenig wie möglich eigene Formulierungen vorgibt. Ein Schüler schreibt nun die überarbeitete Fassung auf ein Blatt. Es liegt in der pädagogischen Entscheidung des Lehrers, ob er die Arbeiten der Schüler korrigiert und verbessert noch einmal schreiben lassen möchte oder ob er sie in ihrer Originalität stehen lässt. Die verschiedenen Texte der Gruppen werden zusammen mit dem Bild an der Wand befestigt: Das Bild klebt in der Mitte eines wesentlich größeren Kartons. Nun werden nach der Reinschrift die Aufsatzteile ringsherum auf der Unterlage befestigt. Ein mit Reißnägeln gehaltener Wollfaden führt von dem Text zu der entsprechenden Situation im Bild.

Diese Form des Aufsatzschreibens bereitet den Schülern große Freude. Keiner erlebt einen Misserfolg. Die Gruppengemeinschaft ist für das Ergebnis verantwortlich, welches deutlich sichtbar an der Wand hängt und die Leistung der Kinder bestätigt.

Einsatz der Bilder im Bereich Sprachbetrachtung (2. Schuljahr)

Auch für die Erarbeitung der grammatikalischen Grundbegriffe finden die Blätter wieder Verwendung. Für die drei Wortarten, die im zweiten Schuljahr behandelt werden, findet sich eine Fülle an Material.

Substantiv

Jedes Blatt ist für das Erlernen und Üben des Substantives geeignet. Dabei kann der Lehrer auf die Wortlisten zurückgreifen, die im 1. Schuljahr angelegt und im Abc-Ordner aufgehoben worden sind.

Verb

Für das Verb bieten sich ebenfalls Übungsmöglichkeiten. Zunächst erscheinen einige Bilder auf den ersten Blick nicht so ergiebig zu sein. Bei näherem Betrachten lassen sich aber viele Verben erkennen. Das Vorgehen soll am H-Blatt erläutert werden. Als erstes werden die jeweiligen Personen und Tiere herausgeschrieben.

Das sind: die Bäuerin
            der Einbrecher
            der Hund
            die Hühner

In Gruppenarbeit schreiben die Kinder auf, was die betreffende Gestalt **tut,** wozu jeder Gruppe eine Person oder ein Tier zugeteilt wird.

Beispiel:
Der Hund   **tut** bellen
           tut knurren
           tut beißen
           tut schnappen usw.

Dann wird „tut" weggelassen und die richtige Verbform aufgeschrieben: „Der Hund **bellt**."
Eine andere Möglichkeit bietet das Spielen eines Bildausschnittes. Ein Kind übernimmt die Rolle des Einbrechers und stellt ihn pantomimisch dar, und zwar so, dass das gesamte Verhalten vom Anschleichen bis zum Weglaufen gezeigt wird. Dabei entsteht eine Sequenz von Abläufen. Die Schüler sollen das erkennen und die dafür entsprechenden Verben nennen, z. B.: anschleichen, horchen, sich ducken, sich verstecken usw. Mit Sicherheit finden sie dabei für denselben Vorgang mehrere Verben: horchen, lauschen, hören usw. Diese werden von den Schülern an die Tafel geschrieben. Verben des gleichen Wortfeldes werden mit derselben Farbe unterstrichen. Damit berücksichtigt man nicht nur den grammatikalischen Aspekt, sondern arbeitet auch sprachfördernd im Sinne eines differenzierenden sprachlichen Ausdrucks.

Adjektiv

Ähnlich wie beim Verb geht man beim Adjektiv vor. Ausgangspunkt ist wieder das Bild:
Wie ist der Hund?

Der Hund ist wachsam
               mutig
               treu usw.
Mit diesen Eigenschaftswörtern werden Sätze gebildet.

Rechtschreibung

Die Rechtschreibung kann ebenso mit dem Wortmaterial geübt werden, z. B. Ordnen nach Dehnung oder Verdoppelung; Erarbeiten der Vorsilben ver- und vor-; die Veränderung des Verbs bei der Konjugation, z. B. bei der Umlautbildung: fallen – du fällst, er fällt usw.

Sprachliche Förderung nicht deutschsprachiger Kinder

Die Förderung der Schüler mit sprachlichen Defiziten ist im normalen Unterricht erfahrungsgemäß sehr schwierig. Häufig führen diese Kinder in unseren Regelklassen ein Schattendasein. Mit zusätzlichen Förderprogrammen versucht man ihnen zu helfen. Aber nicht immer besteht ein inhaltlicher Zusammenhang zwischen diesen Förderprogrammen und dem im Regelunterricht verwendeten Material. Die Kinder müssen sich ständig auf die jeweiligen neuen Lerninhalte und Lernmittel umstellen, wodurch sie zusätzlich verunsichert werden. Abhilfe schafft hier das vorliegende Material, das die Deutschstunden mit dem Förderprogramm verbindet. Die Arbeit in der Klasse legt die Grundlagen. Die bereits erarbeiteten Begriffe werden noch einmal im Förderunterricht aufgegriffen, intensiv geübt und gefestigt. So entsteht ein sinnvoller Zusammenhang zwischen Regelunterricht und Förderstunden.

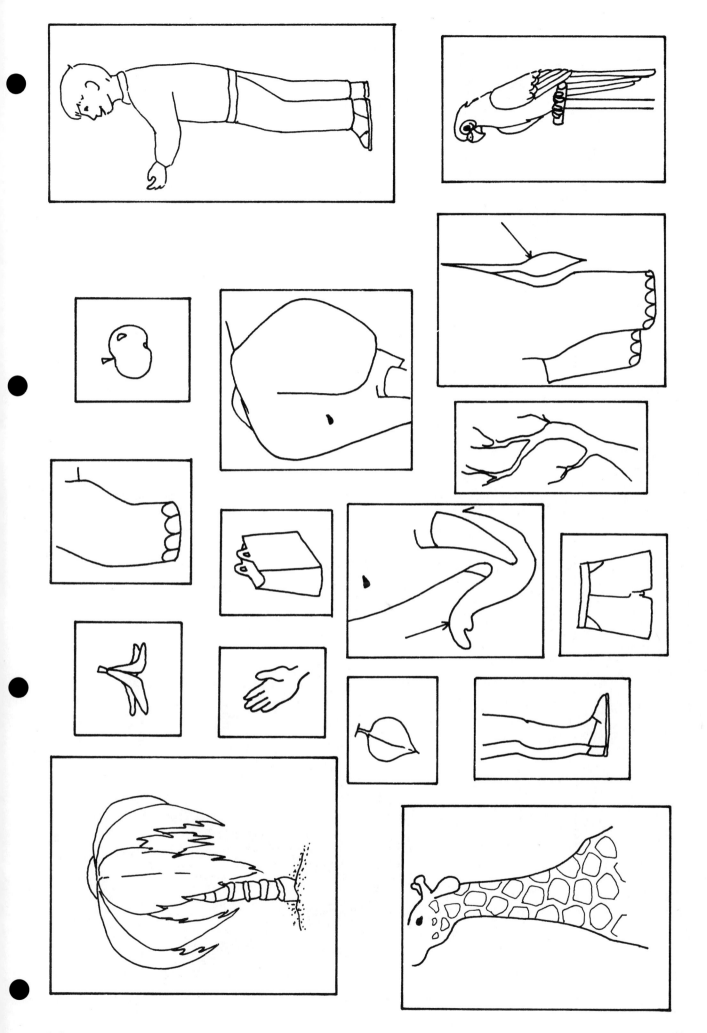

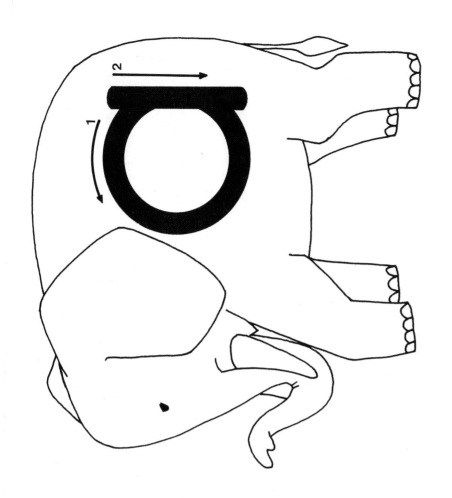

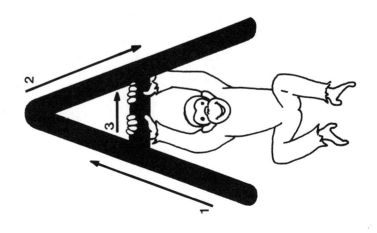

18

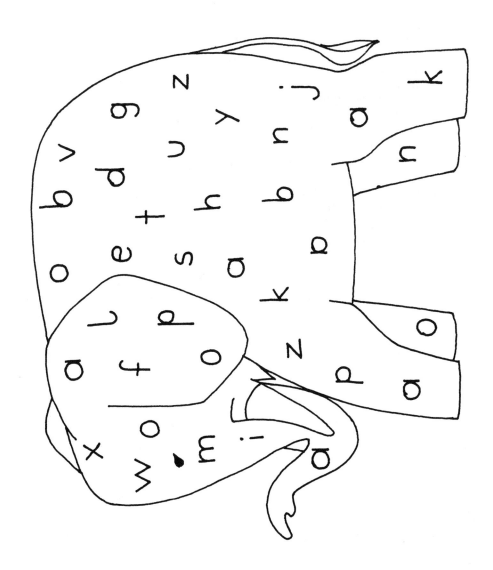

Andreas und Susanne besuchen heute den Tiergarten. In ihrer Tasche haben sie dem Elefanten, dem Papagei und dem Affen etwas mitgebracht. Andreas gibt dem Elefanten einen Apfel. Susanne hält eine Banane in der Hand. Der Affe wird sie sich bald holen. Aber Susanne hat nicht aufgepasst. Die Bananenschale ist auf den Boden gefallen. Da liegt sie neben dem Ball.
Der Papagei sitzt auf der Stange. Er mag keine Bananen. Die Giraffe kaut lieber Gras und Blätter. An einem Baum hat sie bis auf ein Blatt, das einsam noch am Ast hängt, alles abgefressen. Den Tieren geht es prima. Der Elefant kann im Wasser unter der Palme plantschen. Anschließend badet er im Sand. Andreas und Susanne sagen: „Heute ist ein schöner Tag!"

Wortliste: A – a

Ast   Affe   Arm   Apfel
Palme   Blatt   Wasser
Sand   Gras   Papagei
Giraffe   Elefant   Hand
Banane   Schale   Ball
Tasche   Schwanz   Hals

A

Der Affe schaukelt.

Am Ast ist ein Blatt.

Der Elefant holt den Apfel.

Das Mädchen hat eine Banane in der Hand.

Der Ball liegt auf dem Weg.

Der Affe ist im Baum.

Die Giraffe badet im See.

Der Papagei schläft auf dem Ast.

Der Junge hat den Ball in der Hand.

Der Elefant holt sich die Tasche.

B

Der Elefant greift mit dem Rüssel nach dem Apfel.

Die Bananenschale liegt auf dem Weg.

Die Giraffe frisst keine Bananen.

Das Mädchen reicht dem Affen eine Banane.

Die Palme steht am Ufer.

Der Affe reitet auf der Giraffe.

Der Papagei pickt am Apfel.

Der Elefant holt sich den Apfel aus der Tasche.

Die Giraffe frisst das letzte Blatt vom Baum.

Das Mädchen streichelt den Affen.

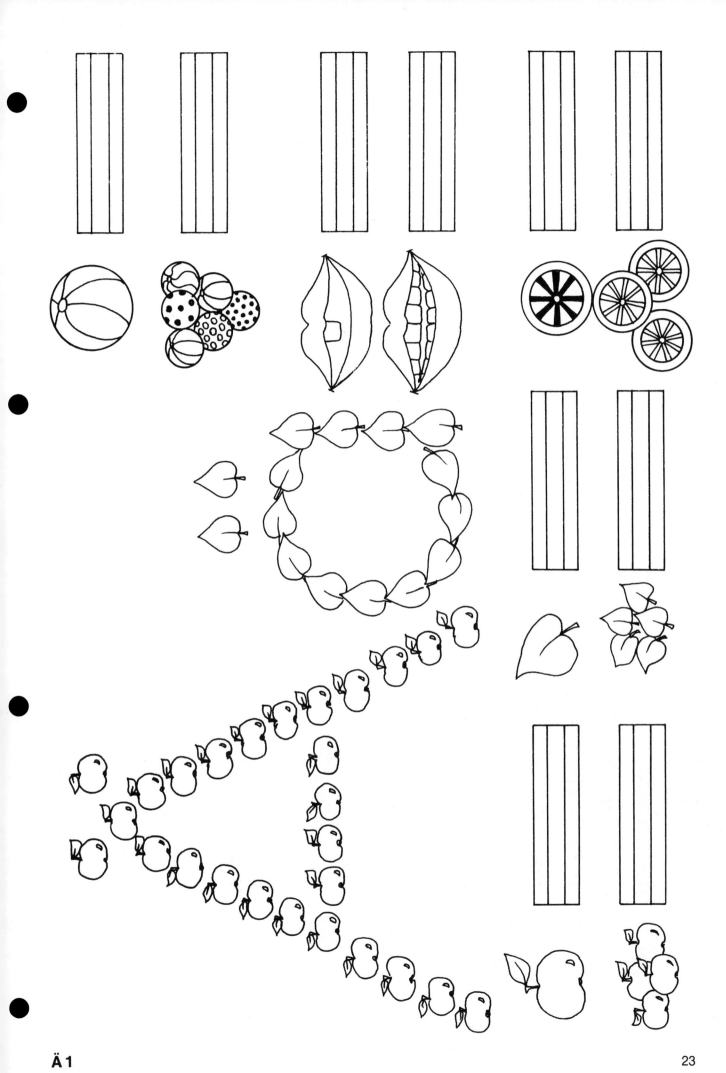

Umlautbildung A → Ä, a → ä

Das Ä wurde aus Äpfeln gestaltet, um die Umlautbildung (A → Ä, siehe A-Bild) den Kindern auf plastische Weise zu verdeutlichen. Derselbe Gedanke wird auch beim ä weitergeführt:
Blätter, d. h. die Blätter beim ä, verdeutlichen den Sinn.
Das Ausfüllen der Linien: *Apfel → Äpfel* usw. ist dann kein Problem mehr.
Wichtig aber ist, dass bei jedem Wortpaar die Schüler sprechen:

Aus a wird ä.

A, a und Ä, ä müssen unbedingt rot geschrieben werden, um den Signalcharakter deutlich zu machen. Auf diese Weise wird die logische Lösungsmethode eingeführt. Das heißt aber nicht, dass den Schülern der sprachliche Vorgang damit für immer transparent ist. Bei jedem weiteren Beispiel, das den Schülern im Laufe des Schuljahres begegnet, ist es wichtig, dass dieser Spruch angewendet wird.

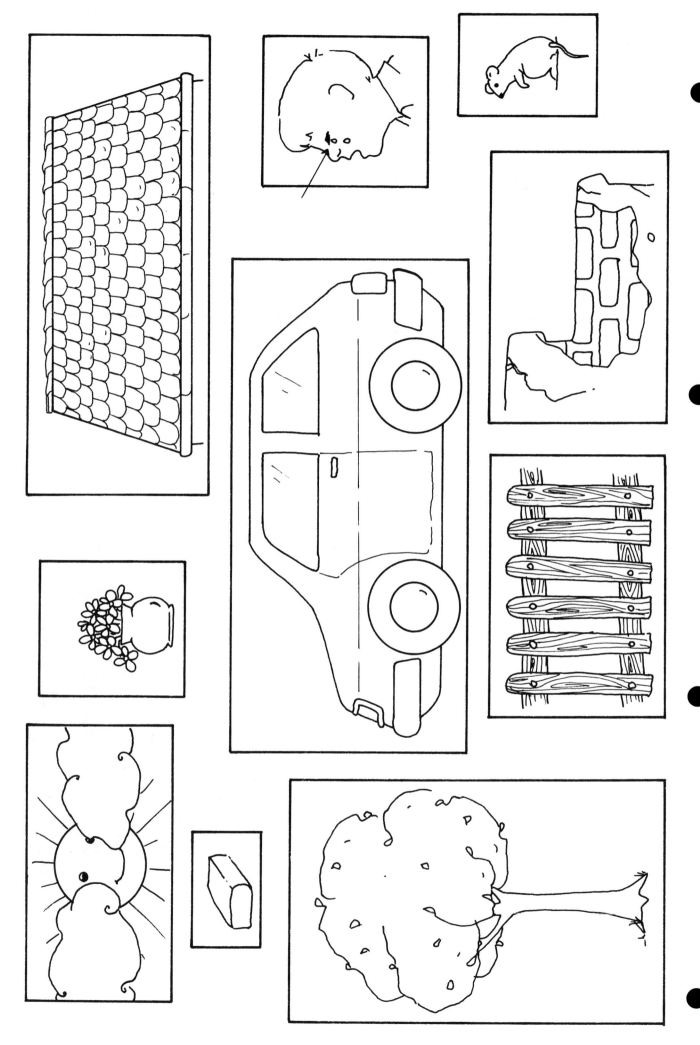

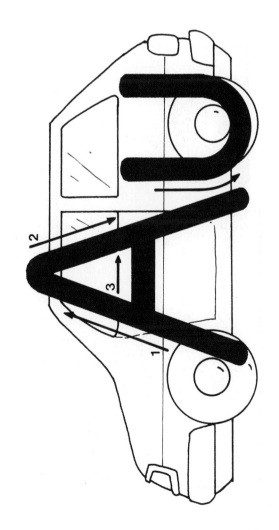

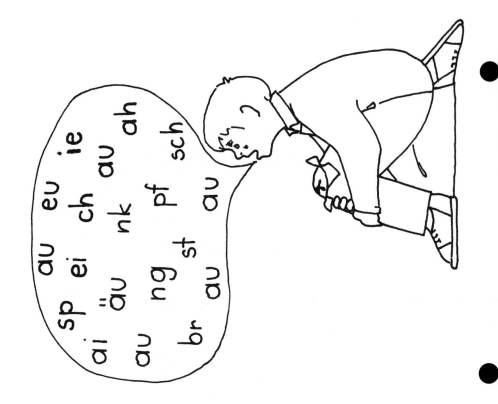

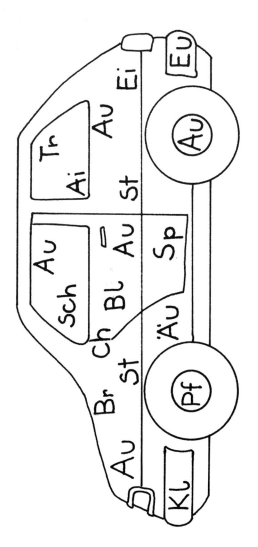

28

Au 4

Paul ruft laut: „Au, au, au!" Er ist über einen Mauerstein gestolpert. Dabei hat er sich sein Knie aufgeschlagen. Seine schöne, blaue Hose hat auch ein Loch. Die kleine, graue Maus schaut ganz erstaunt. Sie glaubt, dass Paul ins Auto gelaufen sei. Aber Paul rennt schnell nach Hause, an der Mauer entlang, am Baum vorbei. Da ist schon der Zaun. Der Blumenstrauß im Fenster ist Paul heute ganz gleichgültig. Er denkt: „Nur schnell ins Haus!"

Wortliste: Au – au

Auto   Augen   Maus
Mauer   Zaun   Strauß
Baum   Haus

A

Der Junge weint laut.

Das Knie blutet.

In der Hose ist ein Loch.

Die Maus sitzt auf der Mauer.

Das Auto steht auf der Straße.

Die Hose hat kein Loch.

Der Junge ist über den Zaun geklettert.

Die Maus wirft Steine von der Mauer.

Die Katze spielt mit der Maus.

Der Junge ist vom Baum gefallen.

B

Von der zerfallenen Mauer schaut die Maus mitleidig herab.

Der Junge ist über den Stein gestolpert.

Das Knie ist aufgeschlagen.

Die Tränen kullern über die Backen.

Das Auto parkt auf der Straße.

Das Auto hat den Jungen angefahren.

Der Junge ist über die Maus gestolpert.

Die Maus lacht den Jungen aus.

Der Pullover hat ein Loch.

Der Autofahrer tröstet den Jungen.

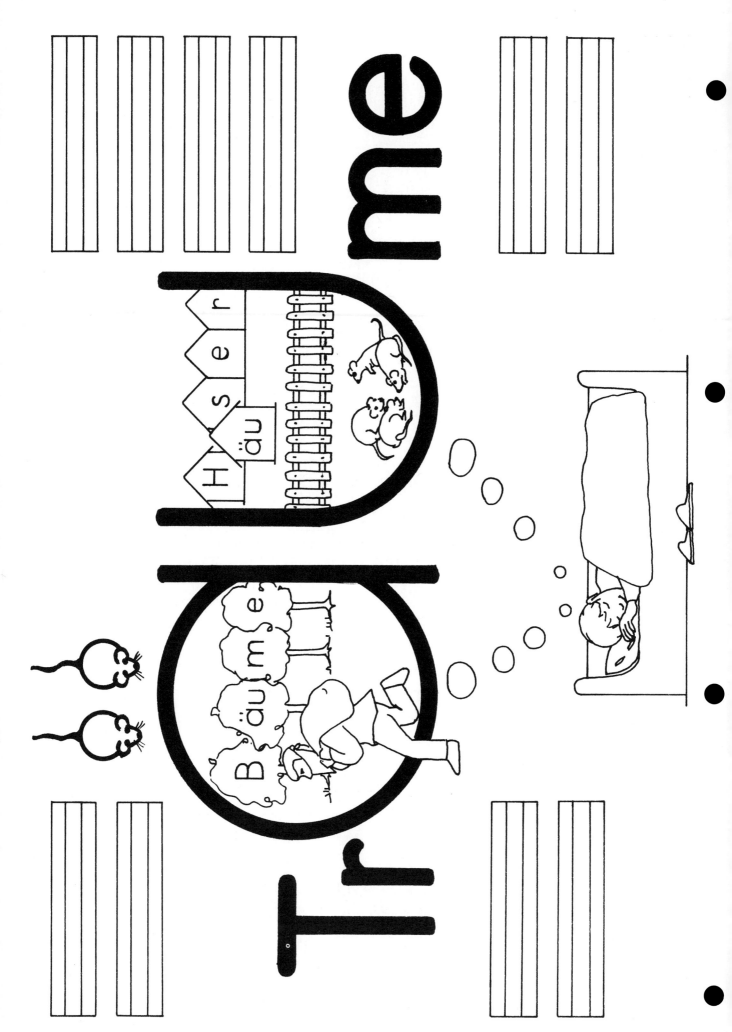

Bäume

Häuser

Träume

32

Äu 1

Umlautbildung Au → Äu, au → äu

Ähnlich wie beim A → Ä-Blatt wird hier das Äu dargestellt. Wieder steht der Spruch:

Aus au wird äu.

Ausgangspunkt ist ein kleiner Junge, der im Bett liegt und Tr**äu**me hat. Ein R**äu**ber schleicht an den B**äu**men vorbei. Er trägt einen dicken Sack auf dem Rücken. Er hat den H**äu**sern wohl einen Besuch abgestattet und ist zu diesem Zweck über die Z**äu**ne gestiegen. Die M**äu**se sind durch seinen Besuch aufge-schreckt worden.
So wie bei a – ä werden auch hier die Wortpaare untereinander geschrieben. Auch hier ist es wieder ganz wichtig, dass au und äu rot geschrieben werden und untereinander stehen.

Äu 2

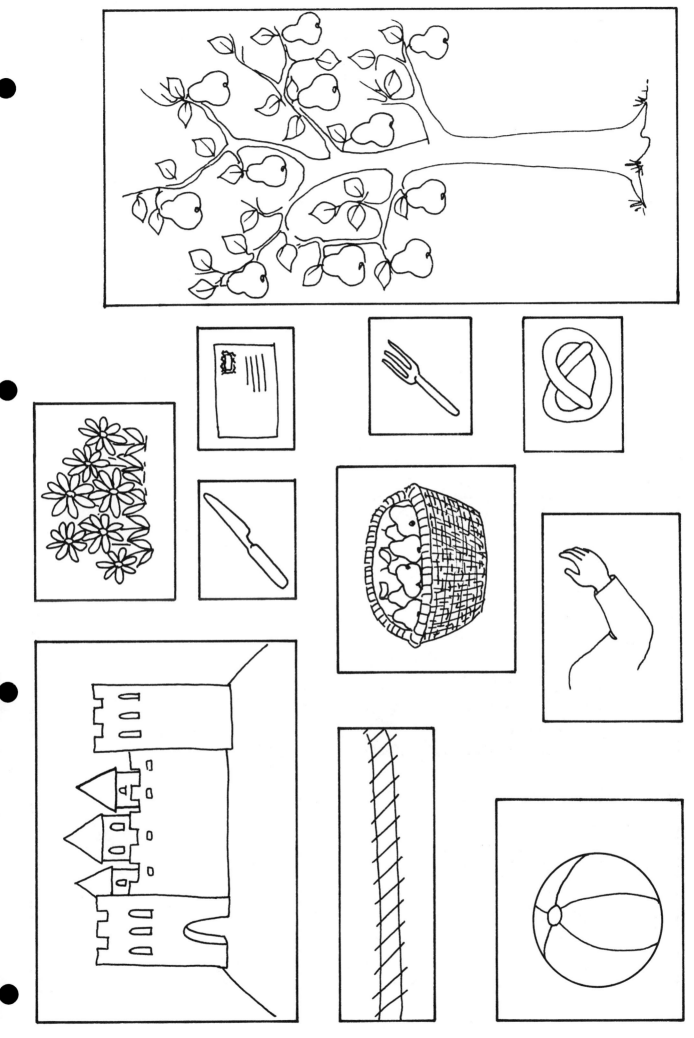

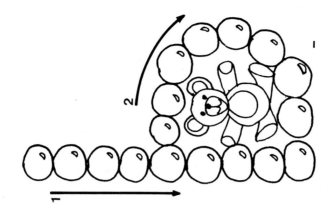

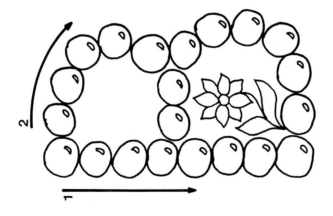

36

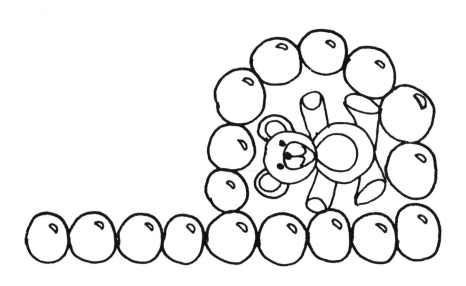

Bärbel und **B**enno **b**lasen **B**lu**bb**erseifen**b**lasen im Garten. **B**ärbel ist ganz **b**egeistert, denn die **B**lasen schillern in allen Farben, **b**lau, lila, gel**b** und rosa.

Benno **b**läst ganz vorsichtig die Seifen**b**rühe durch den Strohhalm. Er möchte **b**esonders große **B**lasen ha**b**en.

Die Kinder wollen **b**is zum A**b**end im Garten **b**leiben. Sie haben ihre Spielsachen mitge**b**racht. **B**enno **b**aut nachher an der **B**urg weiter. Die **B**immelbahn **b**ummelt gemütlich um den **B**erg. **B**enno muss noch mehr **B**äume einsetzen. Die **B**üsche **b**egrenzen die Anlage.

Wenn der Hunger sich meldet, finden die Kinder auf einer Decke **B**rot und eine **B**rezel zum Essen. Außerdem stehen süße **B**irnen im Kor**b** unter dem **B**irnbaum griff**b**ereit.

Wortliste: B – b

Burg Bahn Berg Baum

Busch Blume Ball

Blasen Becher Brot

Brezel Brief Birnen

Gabel Teddybär Korb

A

Die Birnen sind im Korb.

Auf der Decke liegt ein Brief.

Die Bahn fährt um den Berg.

Die Seifenblasen fliegen davon.

Die Blumen blühen auf der Wiese.

Die Birnen sind neben dem Korb.

Der Ball rollt über das Brot.

Der Junge hat eine Brille auf der Nase.

Die Bahn fährt über den Berg.

Eine Maus holt sich das Brot.

B

Der Junge blubbert Seifenblasen.

Der Seifenschaum quillt aus dem Becher.

Die Bahn bummelt durch das Land.

Die Birnen reifen am Baum.

Brot und Brezel liegen auf der Decke.

Die Blumen sind verblüht.

Am Birnbaum hängen keine Birnen.

Der Teddybär sitzt im Korb.

Die Kinder blasen Luftballons auf.

Die Bahn fährt über eine Brücke.

Vielen Kindern fällt die Unterscheidung von b und d schwer. Als Hilfe kann man ihnen die vorliegenden Bildchen, mit durchsichtiger Folie überzogen, auf die Bank kleben.

Das B zeigt ein in Schreibrichtung marschierendes Männchen. Das b ist eine wesentlich verkleinerte Ausgabe des B-Bildes. Das Männchen trägt den b-Strich im Rücken, also hinten. Auch hier gehen die Beinchen in Schreibrichtung.

Beim D ist es der Dackel, der zum Wandern einlädt. Das d stellt einen Rucksack mit einem Spazierstock dar. Auch hier gehen die Beinchen in die Schreibrichtung. Beide Buchstabenbildchen dienen als Orientierungshilfe und können dazu beitragen, Fehler zu vermeiden.

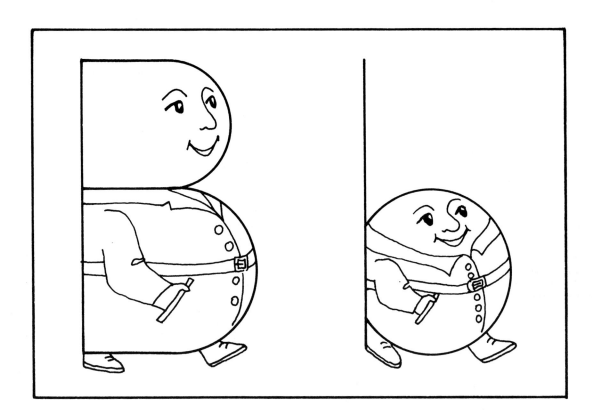

42

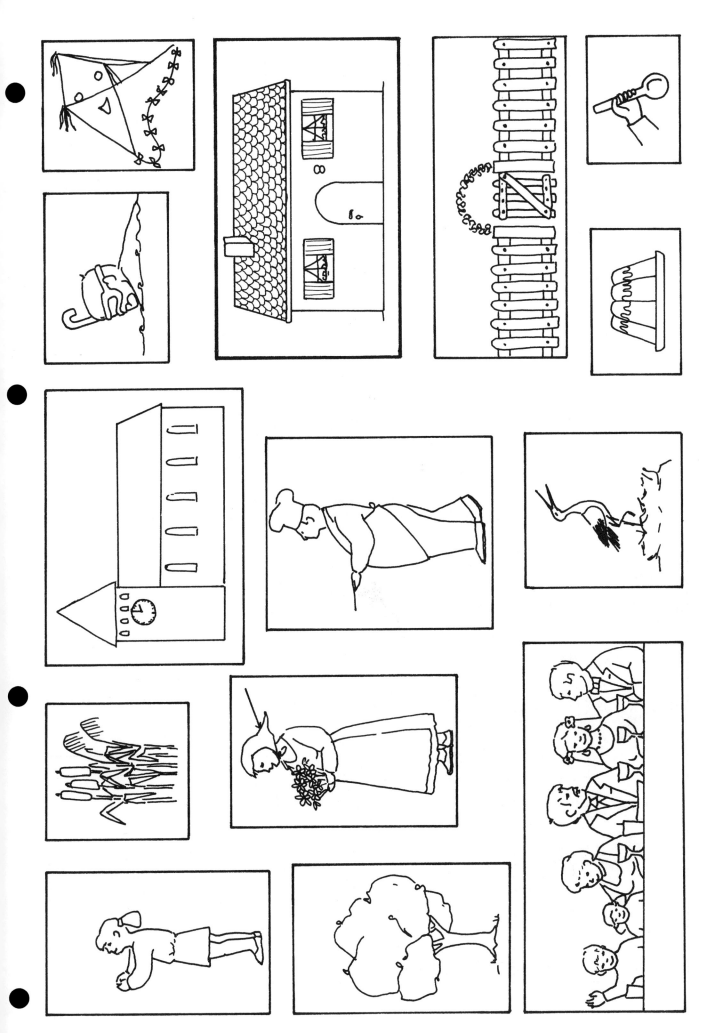

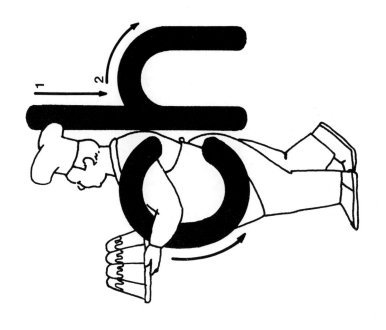

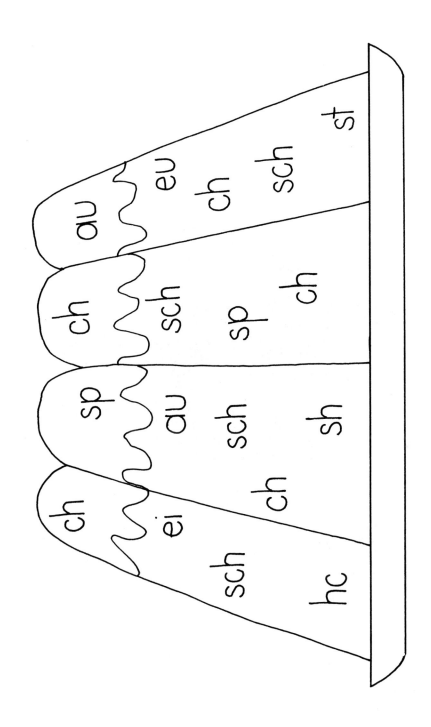

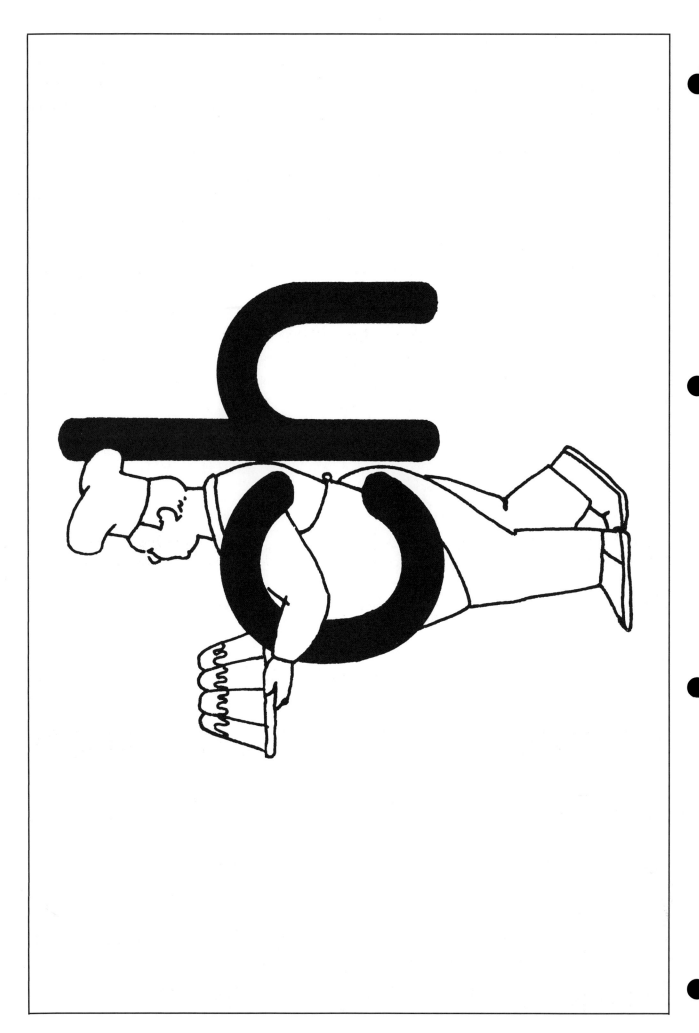

Im Dorf ist heute etwas los. Die Glocken der Kirche läuten. Das Haus Nummer acht mit den Herzchenfensterläden hat sich besonders schön gerichtet. Aus seinem Kamin steigt Rauch auf. „Juche, juche, wir feiern Hochzeit!", rufen Achim und Gretchen. Der Tisch ist festlich gedeckt. Auf dem weißen Tischtuch stehen Gläser und Teller.

Michael kocht das Festtagsessen. Mit dem Kochbuch in der Hand ist das ganz leicht. Er rührt fleißig mit dem Kochlöffel im Kochtopf herum.

Jochen, der Kuchenbäcker, bringt dem Brautpaar als Geschenk einen feinen Kuchen. Mariechen ruft: „Mein Hundchen, mach Männchen, dann kriegst du auch einen Hochzeitsknochen!"

Eine Bäuerin will dem Hochzeitspaar einen Blumenstrauß überreichen. Ihr Kopftuch flattert lustig im Wind.

Nur zwei wollen vom Fest nichts wissen. Erich, der Taucher, will bei den Fischen im Teich einen Besuch machen. Michi ist das Warten auf das Essen zu lang geworden. Sie lässt ihren Drachen steigen. Der Storch im Nest klappert laut: „Du komischer Vogel, komm mir nicht zu nahe! Lass mich vorbei, ich muss zum Bach hinab und Frösche fangen."

In der deutschen Sprache kommt der Buchstabe C, c allein nicht vor. Dagegen tritt er in Verbindung mit h als ch häufig auf. In den meisten Fibeln wird diesem Sachverhalt Rechnung getragen. Aus diesem Grund wurde hier an Stelle des c ch gesetzt.

Wortliste: ch

Storch   Kirche   Drachen

Bach   Rauch   acht

Mädchen   Hochzeit

Tischtuch   Kopftuch   Koch

Küche   Kuchen   Taucher

Knochen   Kochlöffel

Kochtopf Kochbuch Bauch

Hundchen   Herzchen

A

Der Taucher taucht im Teich.
Der Drachen fliegt durch die Luft.
Der Koch bringt den Kuchen.
Der Hund will den Knochen.
Der Koch rührt im Kochtopf.
Der Taucher taucht mit dem Kuchen.
Der Storch holt sich den Drachen.
Der Hund badet im Bach.
Die Gäste gehen heim.
Der Koch isst den Kuchen.

B

Die Hochzeitsgäste sitzen am Tisch.
Der Koch bereitet das Festessen.
Der Hund schnappt nach dem Knochen.
Der Storch klappert laut.
Die Bäuerin bringt einen Blumenstrauß.
Der Hund schnappt nach dem Kuchen.
Der Koch lässt den Kuchen fallen.
Die Enten verjagen den Taucher.
Das Brautpaar kommt gerade aus der Kirche.
Der Drachen hängt im Baum.

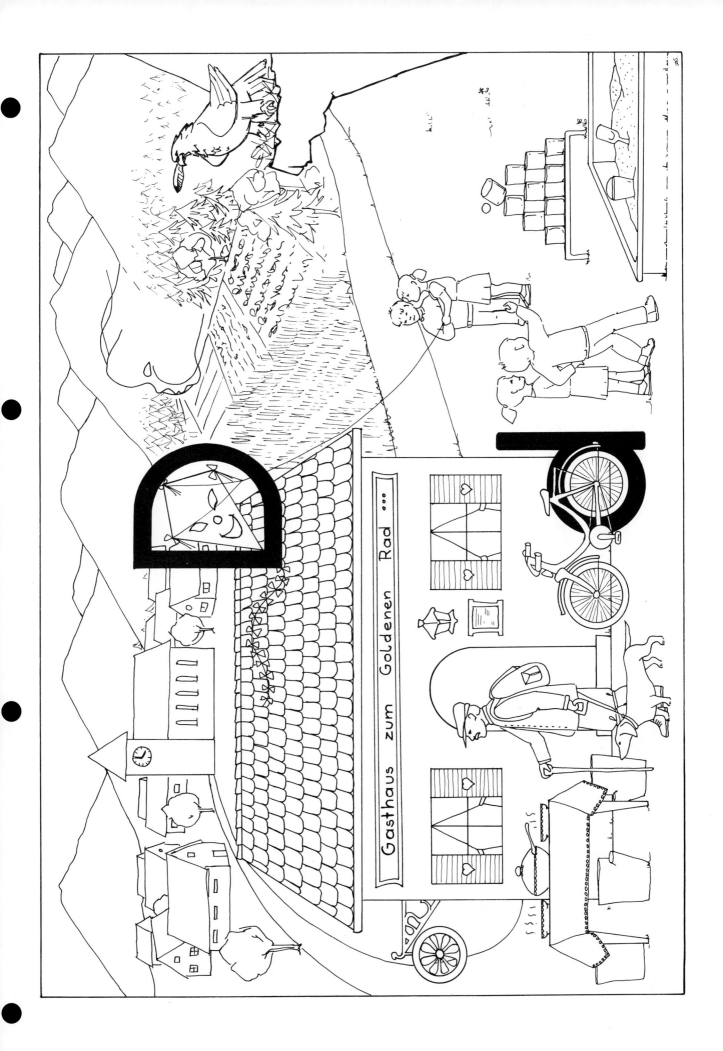

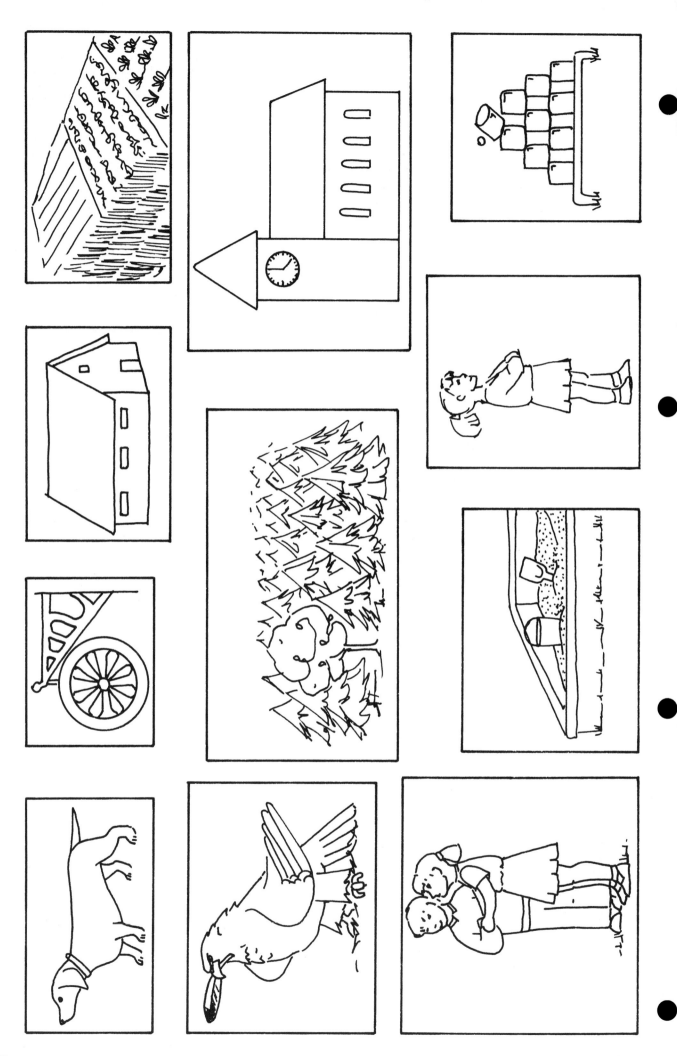

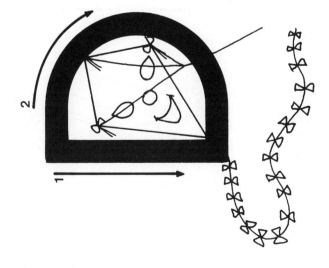

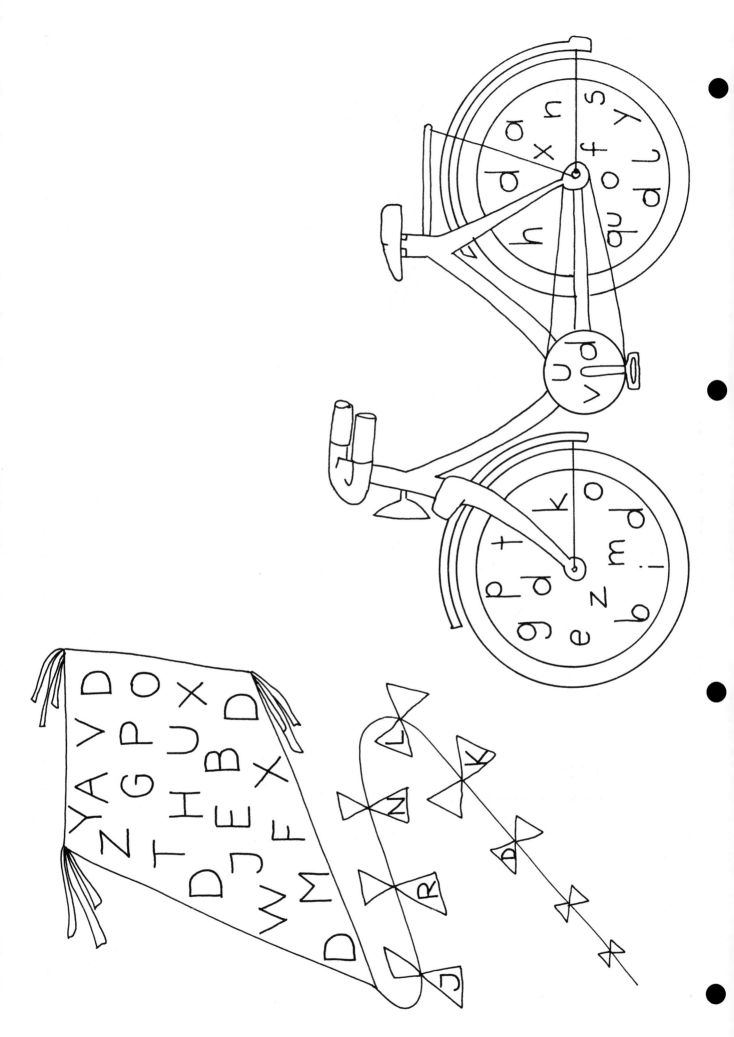

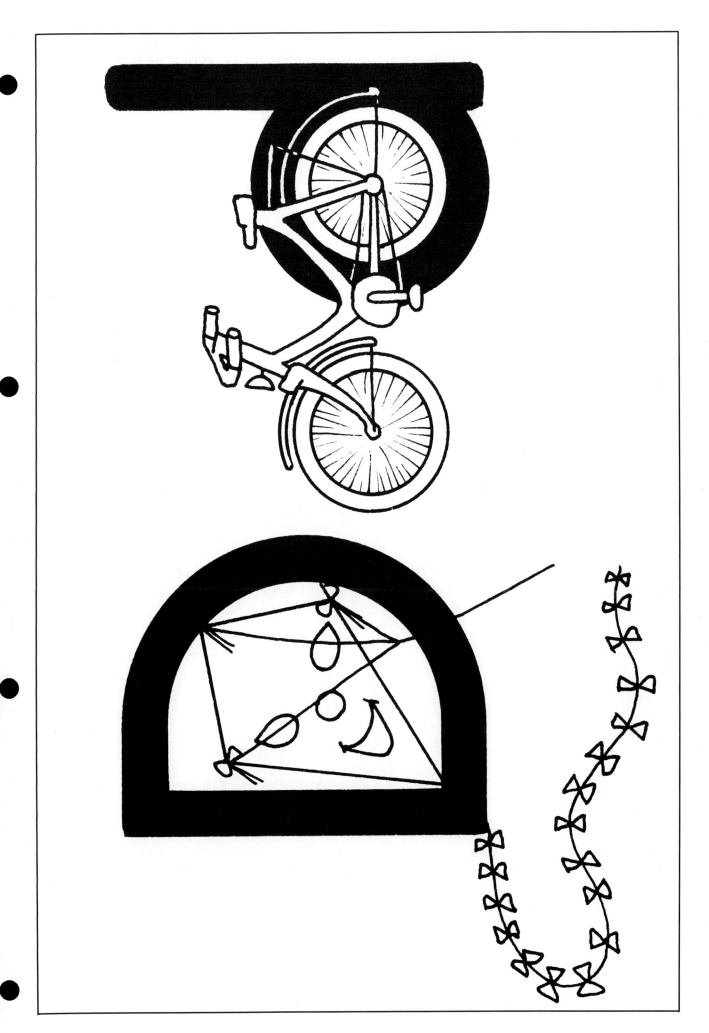

Heute ist Wandertag. Eben ist Udo mit dem Dackel Waldi am Gasthaus zum Goldenen Rad angekommen. Auf dem Tisch vor dem Haus dampft die Suppe im Teller. Mh, das duftet. Doris und Denis sind mit dem Fahrrad gekommen. Jetzt machen sie Dosenwerfen. Danach wollen sie im Sandkasten spielen. Dominik und Claudia lassen den Drachen steigen.
Der Wind bläst über Felder und Wälder. Dem Adler in seinem Nest gefällt das alles nicht. ,So viele Menschen', denkt er. Gleich lässt er die Feder aus dem Schnabel fallen. Im Dorf schlägt es 4 Uhr von dem Kirchturm.

Wortliste: D – d

Dorf Drachen Dackel
Dosen Dampf Felder
Wind Wald Rad
Wanderer Kinder
Sandkasten Adler Feder
Fahrrad

A

Der Wind weht.

Der Adler hat eine Feder im Schnabel.

Der Drachen steigt in die Luft.

Die Kinder werfen die Dosen um.

Die Suppe steht auf dem Tisch.

Der Drachen liegt auf dem Boden.

Die Kinder streiten sich.

Das Rad steht unter dem Baum.

Der Adler fliegt weg.

Der Dackel beißt den Wirt.

B

Der Wanderer führt den Dackel an der Leine.

Die Suppe steht dampfend auf dem Tisch.

Jm Sandkasten liegen Eimer und Schaufel.

Der Wind trägt den Drachen in die Höhe.

Der Adler hält eine Feder im Schnabel.

Das Fahrrad lehnt am Kirchturm.

Der Adler füttert seine Jungen.

Der Hund nagt am Knochen.

Der Wanderer ruht sich im Schatten aus.

Das Mädchen wirft alle Dosen um.

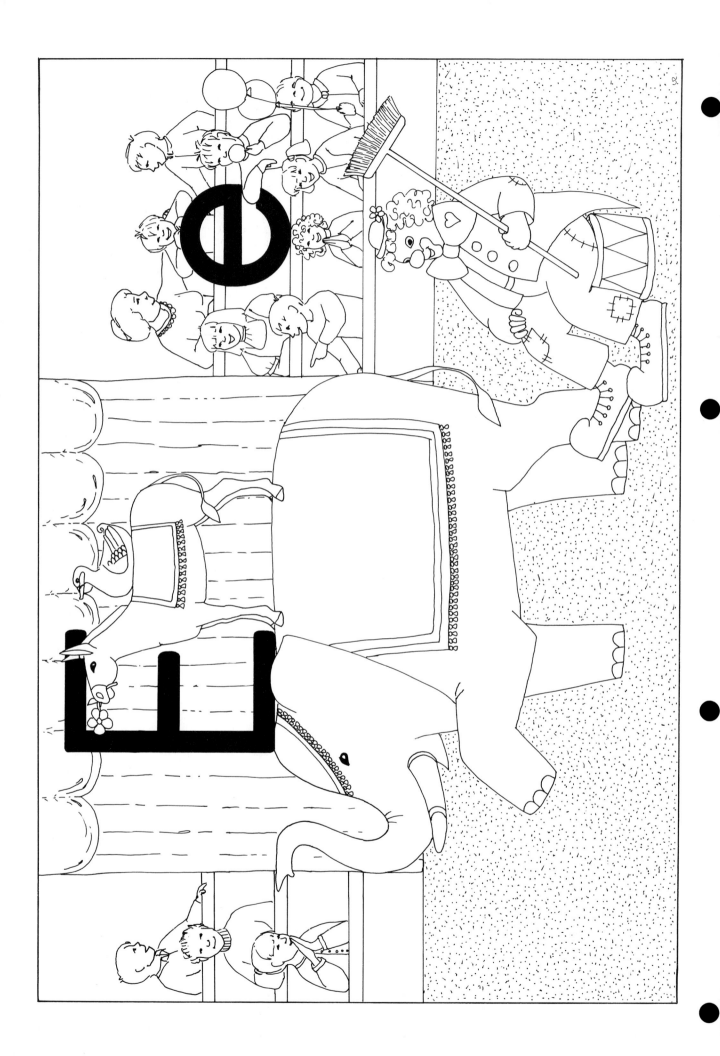

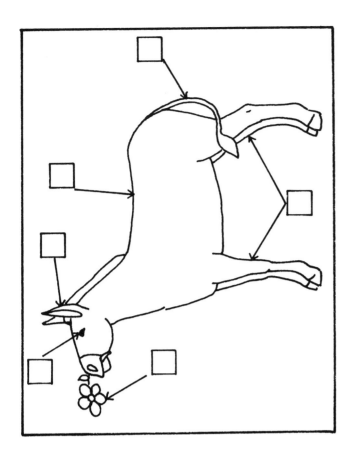

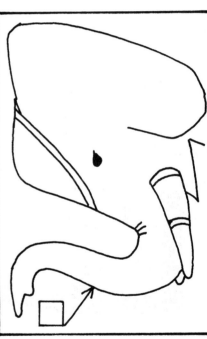

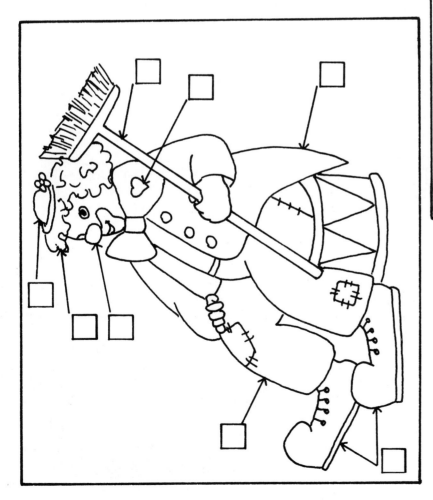

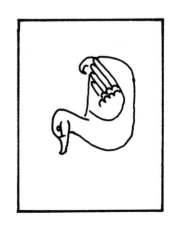

E 2

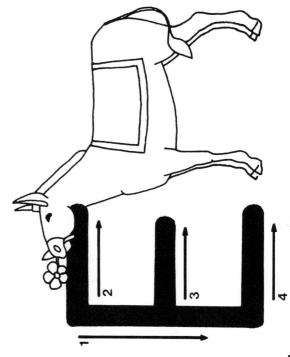

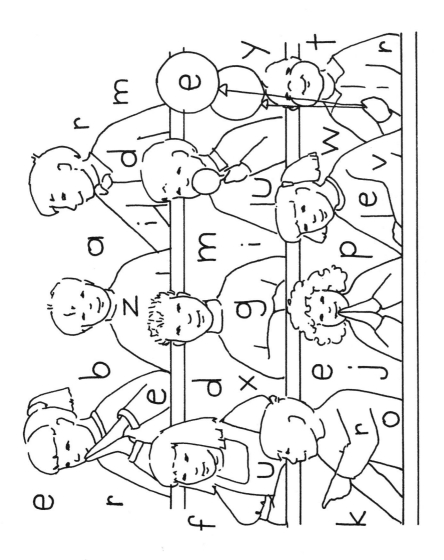

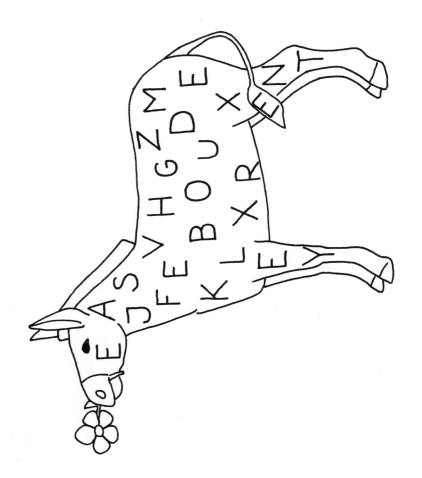

„Vorhang auf für die Bremer Stadtmusikanten!", ruft Edi, der Spaßmacher. Die Kinder denken erstaunt: ‚Was ist das?', denn jetzt betreten ein Elefant, ein Esel und eine Ente die Manege. Edi hebt den Besen und ruft: „Ela hopp", und schon geht der Elefant auf die Knie. Auch der Esel macht sich klein. Schnell flattert die Ente auf seinen Rücken. Der Esel klettert über den Schwanz auf den Rücken des Elefanten. Der hilft mit dem Rüssel etwas nach, bis der Esel die richtige Stelle gefunden hat. Edi reicht nun dem Elefanten eine Blume. Der nimmt sie mit dem Rüssel und hebt sie so hoch, dass der Esel sie ins Maul nehmen kann. Jetzt erhebt sich der Elefant. Die Tierpyramide ist fertig. Die Zuschauer klatschen vor Begeisterung.

Wortliste: E – e

Esel Ente Elefant Kinder

Zuschauer Spaßmacher

Besen Blume Herzchen

Flicken Schuhe

Fliege Hose Jacke

Nase Auge Haare

Finger Mutter Rüssel

Schnabel Ohren Füße

A

Der Esel steht auf dem Elefanten.

Die Ente sitzt auf dem Esel.

Der Elefant trägt zwei Tiere.

Die Kinder freuen sich.

Der Clown hat einen Besen in der Hand.

Die Ente fliegt weg.

Der Elefant hält den Besen.

Der Clown reitet auf dem Esel.

Der Esel steht auf der Ente.

Die Kinder füttern die Tiere.

B

Der Esel hält eine Blume im Maul.

Ein Kind zeigt auf die Tiere.

Der Clown trägt ein kleines Hütchen.

Die Hose hat viele Flicken.

Die Kinder schauen begeistert zu.

Der Clown hält den Esel am Schwanz.

Die Ente sitzt zwischen den Kindern.

Die Zuschauer winken dem Esel zu.

Der Elefant ist mit Blumen geschmückt.

Die Tiere singen ein Lied.

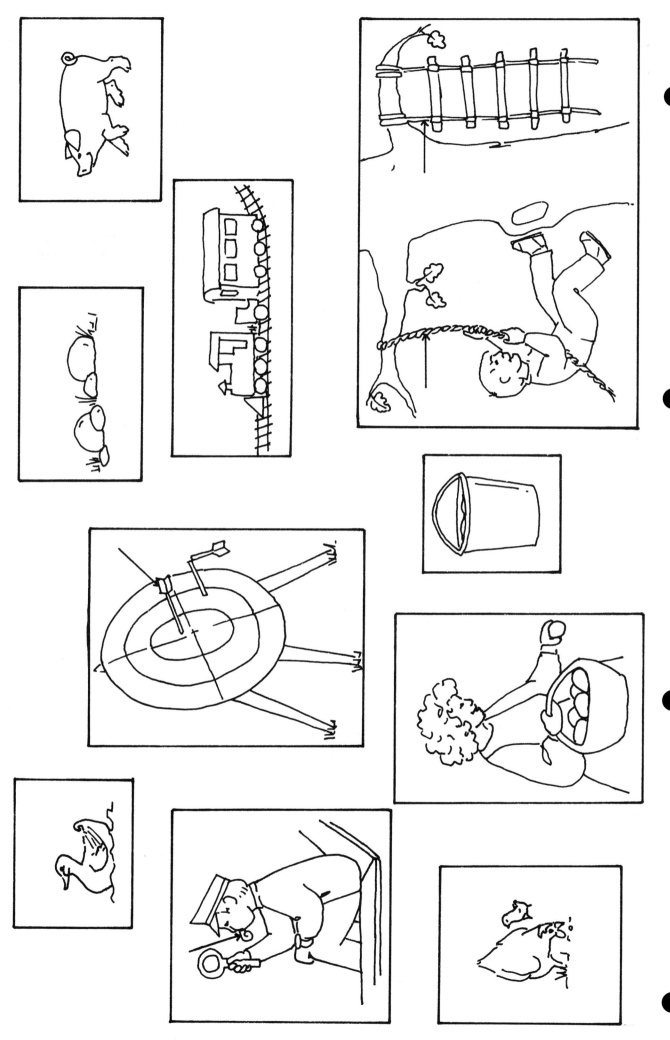

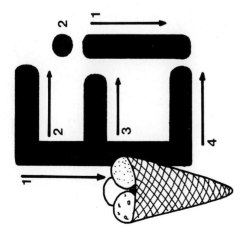

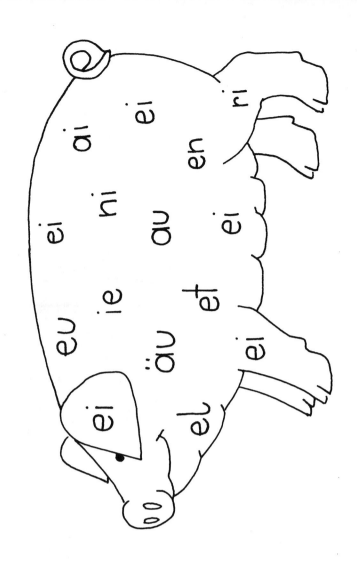

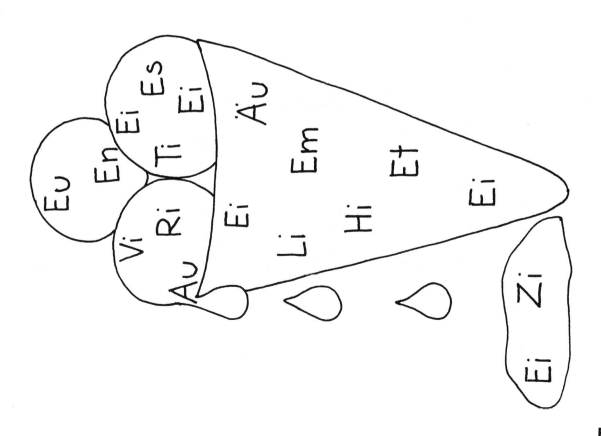

Ei 4

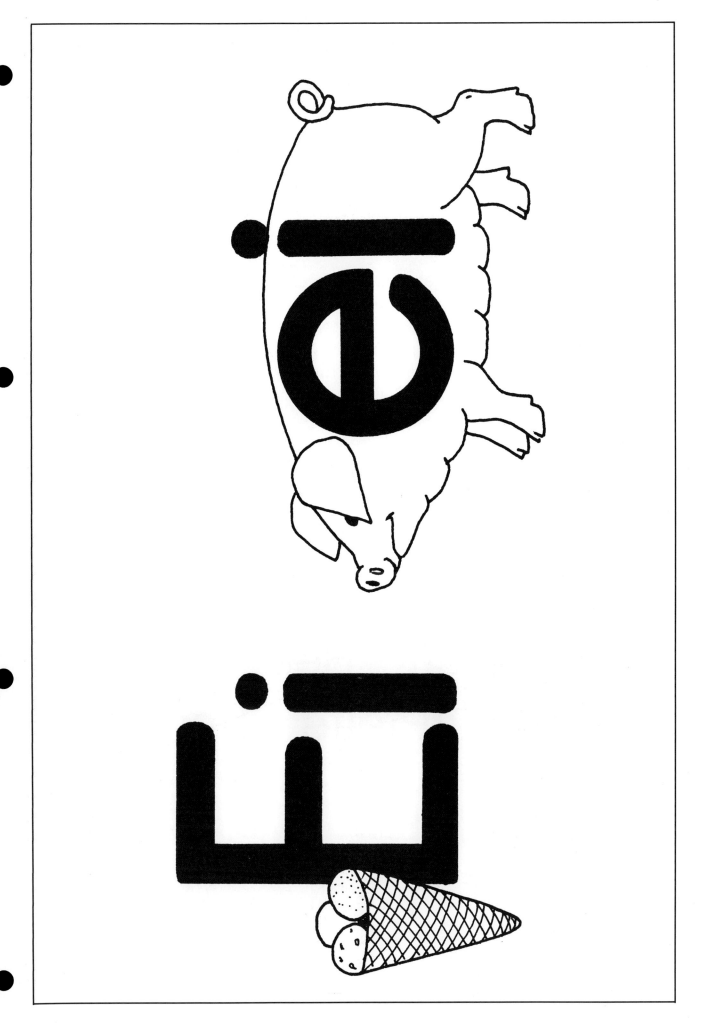

Freizeit auf dem Bauernhof

Heute hat Meike ihre Freunde Heinz, Heiner und Reinhard auf Tante Heidis Bauernhof eingeladen. Die Jungen sind ganz begeistert, denn hier können sie ihre Freizeit gut verbringen.

Heiner spielt mit der großen Eisenbahn. Gleich soll der Zug abfahren. Heiner schaut nach der Uhrzeit, hebt den Stab und gibt das Abfahrtssignal mit der Trillerpfeife.

Reinhard schwingt mit einem Seil am Ast der alten Eiche hin und her. Später will er mit der Strickleiter auf den Ast klettern und sich die Welt von oben ansehen.

Heinz spannt gerade den Bogen. Gleich schwirrt der Pfeil durch die Luft. Ob er wohl ins Schwarze trifft?

Inzwischen füttert Tante Heidi die Schweinemutter. Im Eimer hat sie lauter feine Sachen für sie. Ein kleines Schweinchen eilt neugierig herbei. Tante Heike sammelt gerade die Eier ein. „Wer mag Eis?", ruft Meike, „wer fährt mit mir Boot auf dem Teich?" Aber die Zeit eilt und bald müssen die Kinder wieder heim.

Wortliste: Ei – ei

Eis Eier Eisenbahn
Eimer Stein Seil Leiter
Pfeil Teich Bein
Schwein Pfeife Schleife

A

Das Schwein bekommt sein Futter.

Das Mädchen isst ein Eis.

Der Pfeil trifft ins Ziel.

Die Eier sind im Korb.

Das Boot schwimmt im Teich.

Der Zug hält gerade im Tunnel.

Die Leiter ist im Stall.

Das Boot liegt im Gras.

Das Ferkel ist im Boot.

Die Hühner fahren mit der Eisenbahn.

B

Die Bäuerin füttert das Schwein.

Der Junge spielt mit Pfeil und Bogen.

Die Ente schwimmt auf dem Teich.

Ein Kind lässt die Eisenbahn fahren.

Ein Junge schaukelt am Seil hin und her.

Der Junge schießt mit dem Pfeil in das Wasser.

Die Hühner baden im Teich.

Das Seil baumelt am Dach.

Ein Huhn fährt mit der Eisenbahn.

Das Schwein schwimmt im See.

Die **Eu**le **Eu**lalia sitzt auf ihrem Eichenbaum. **N**e**u**gierig beobachtet sie, wie **Leu**te ganz in der Nähe **Feu**er machen um Würstchen zu grillen. Plötzlich hört man Klein-**Eu**gen he**u**len. O weh, er ist über einen Ast gestolpert und nun wächst eine Be**u**le an seinem Kopf. Der n**eu**e Pulli hat auch ein Loch. Vati nimmt **Eu**gen in den Arm. Mutti holt schnell aus ihrem Be**u**tel ein Pflaster. Dann ist alles wieder gut. Inzwischen kümmert sich Anja um das **Feu**er. Ihre Fr**eu**ndin Susi hält gerade ein Würstchen darüber. Weiter weg fährt Bauer Fr**eu**ndlich das **H**e**u** in die Sch**eu**ne. **Eu**lalia schaut zu und denkt: ,Hoffentlich sind die **Leu**te bald weg, dann kann ich he**u**te noch auf Be**u**tezug gehen.'

Auf dem Bild und im Text treten nur Wörter mit eu auf. Die Schüler sollten unbedingt darauf hingewiesen werden, dass sie sich diese Wörter optisch einprägen müssen. Es gibt keinen logischen Lösungsweg im Gegensatz zu äu.

Wortliste: Eu – eu

Eule   Euter   Beule   Beutel
Feuer   Scheune   Heu
Leute   Freundin

A

Der Junge hat eine Beule.

Die Kinder grillen Würstchen.

Der Traktor fährt in die Scheune.

Die Eule schaut den Kindern zu.

Das Feuer brennt.

Die Kuh will zum Feuer.

Die Eule sitzt auf dem Traktor.

Die Kinder spielen mit dem Ball.

Die Wurst liegt im Gras.

Das Feuer ist ausgegangen.

B

Das Mädchen trägt Holz herbei.

Die Eltern trösten den verletzten Jungen.

Das Mädchen hält ein Würstchen am Spieß.

Mutter holt Pflaster und Schere aus dem Beutel.

Die Kuh steht hinter dem Heuwagen.

Die Kuh singt ein Lied.

Der Uhu schläft im Gras.

Der Junge lacht über die Beule.

Der Traktor fährt aus der Scheune.

Der Vater tröstet den Jungen mit einem Eis.

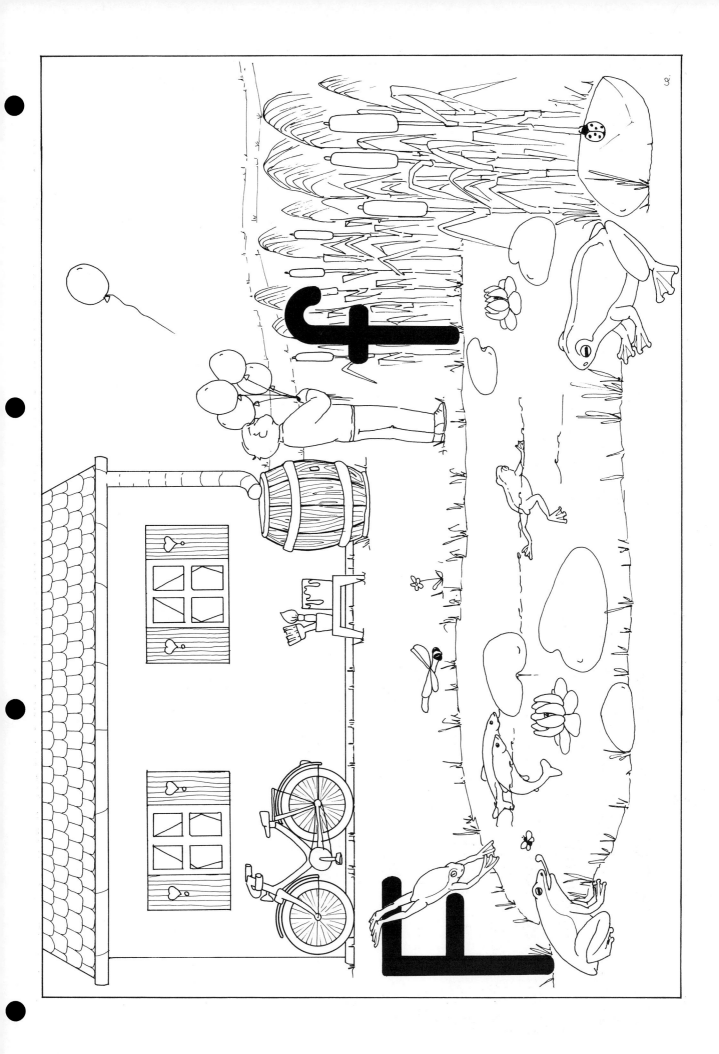

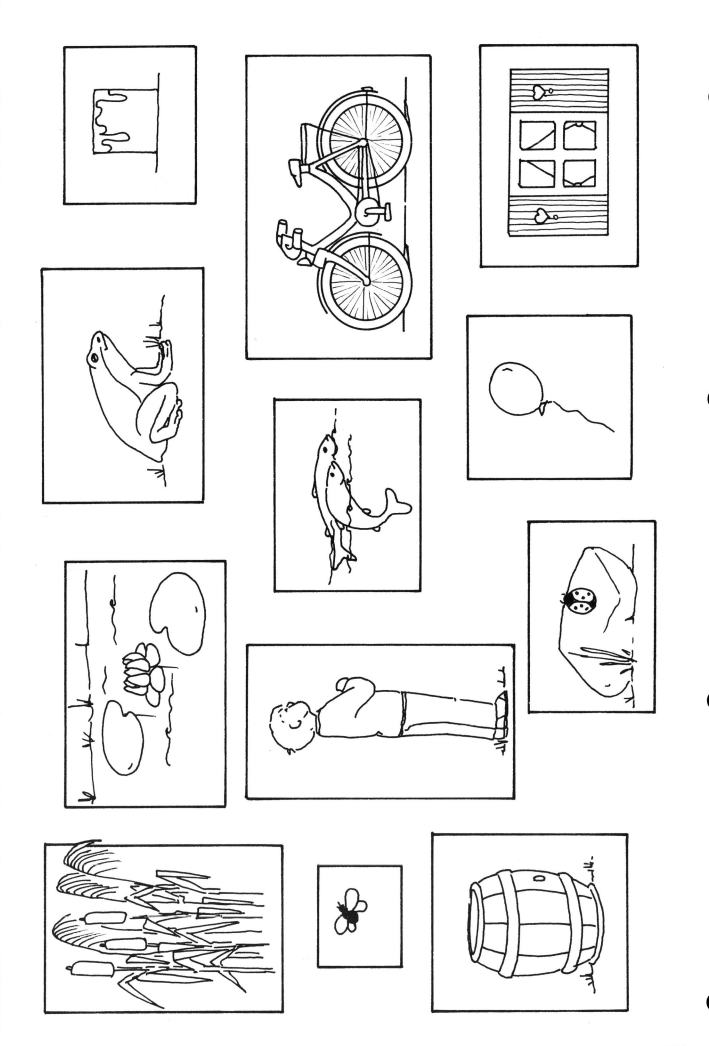

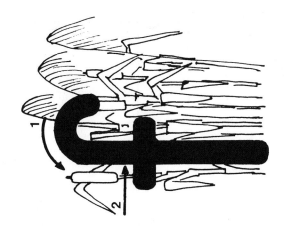

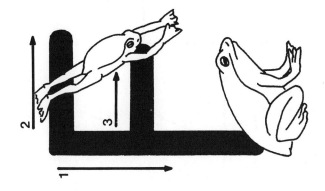

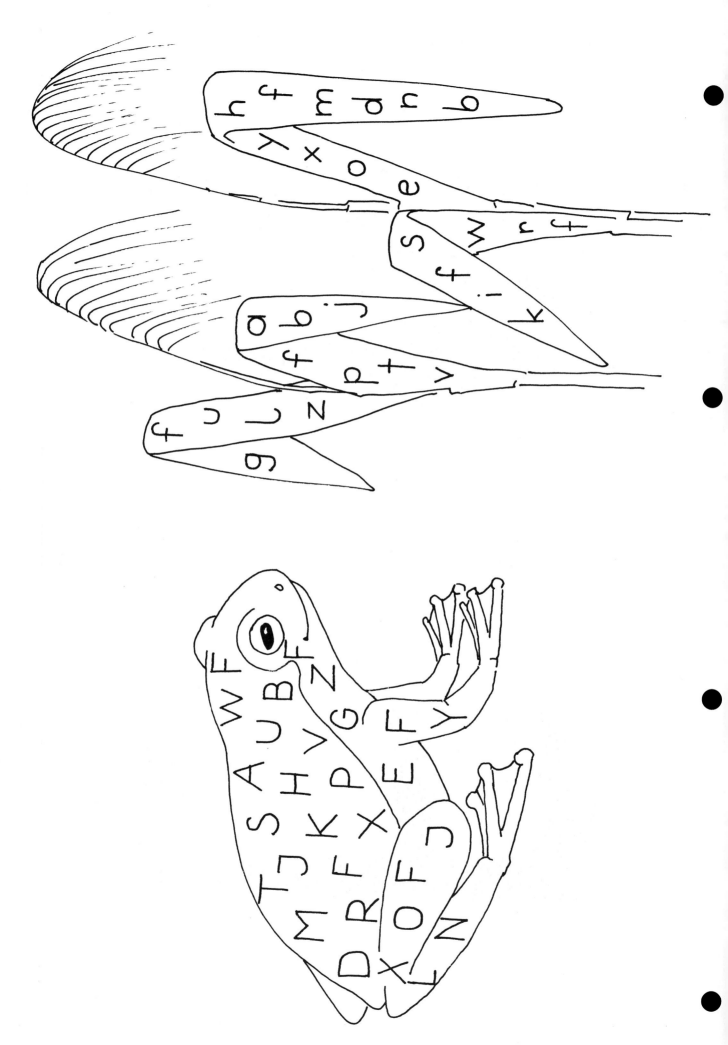

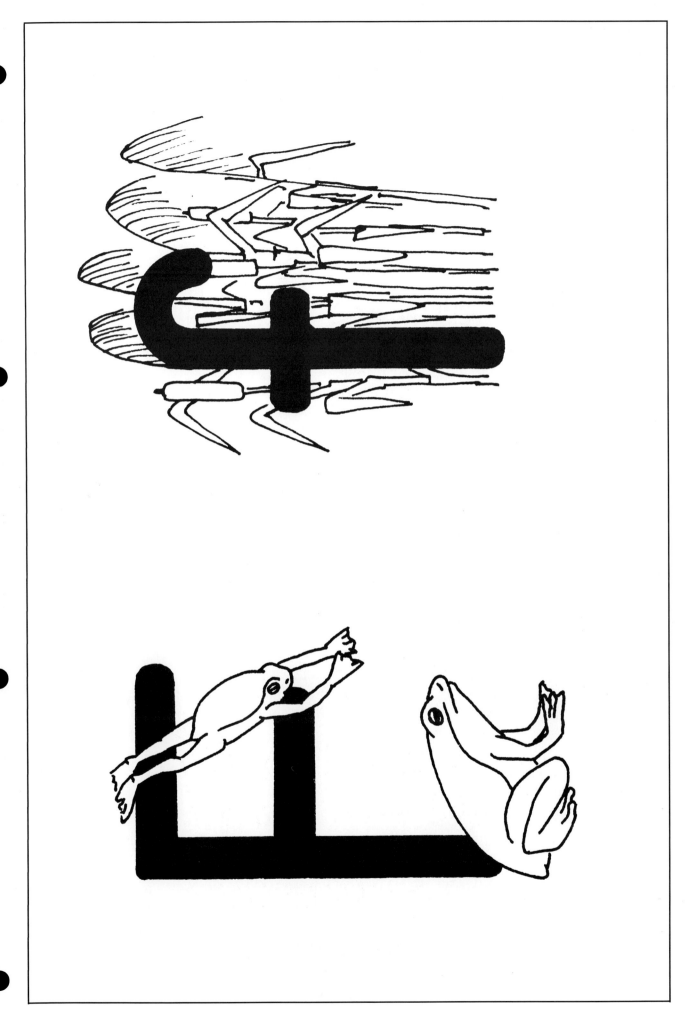

Familie Frei hat im Garten einen Teich. Hier wohnen Fische und Frösche friedlich beieinander. Die Frösche flitzen durch das Schilf oder schwimmen flink im Wasser. Florian, ein Frosch, fängt gerade Fliegen. Alle freuen sich über das frische, klare Wasser. Ein Marienkäfer sonnt sich auf einem Stein am Ufer. „Hilfe, Hilft!", ruft da Fritzchen, „mein Luftballon fliegt weg. Ich werde die anderen innen am Fenster festmachen. Dann können sie nicht mehr fort-fliegen." Schnell läuft er ins Haus und führt es aus. Als er wiederkommt, fragt er sich, ob er das Fass mit Farbe auspinseln oder nicht doch lieber mit dem Fahrrad fahren soll.

Wortliste: F – f

Frosch Fliege Fisch Fass

Fenster Farbe Fahrrad

Füße Schilf Käfer

Luftballon

A

Ein Frosch schwimmt im Teich.

Die Fische sind im Wasser.

Der Käfer sitzt auf dem Stein.

Der Luftballon fliegt weg.

Das Rad steht am Haus.

Der Frosch holt sich den Ballon.

Die Fische sitzen auf dem Stein.

Das Rad ist im See.

Der Junge malt mit den Farben.

Die Pinsel schwimmen im See.

B

Der Frosch fängt die Fliegen.

Das Schilf wächst am Ufer.

Der Junge hält vier Luftballons in der Hand.

Das Fahrrad lehnt an der Hauswand.

Die Seerosen blühen im Teich.

Der Käfer fängt die Fliegen.

Im Schilf sonnen sich die Fische.

Die Fische schwimmen mit den Fröschen um die Wette.

Der Junge pinselt das Fahrrad an.

Es herrscht eisiger Frost.

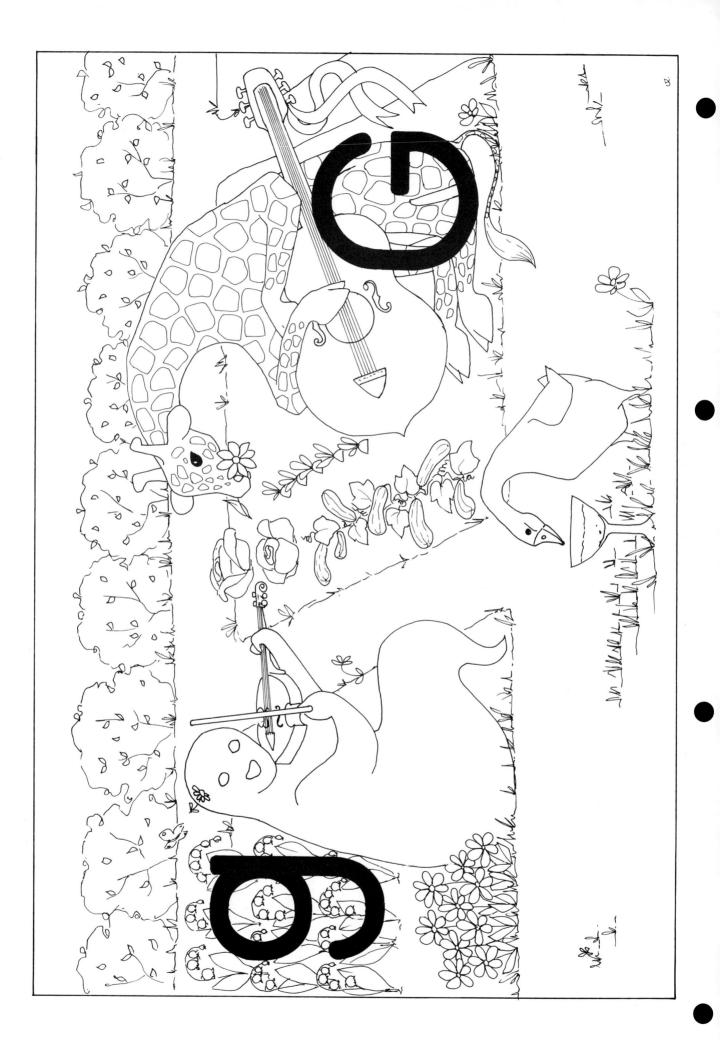

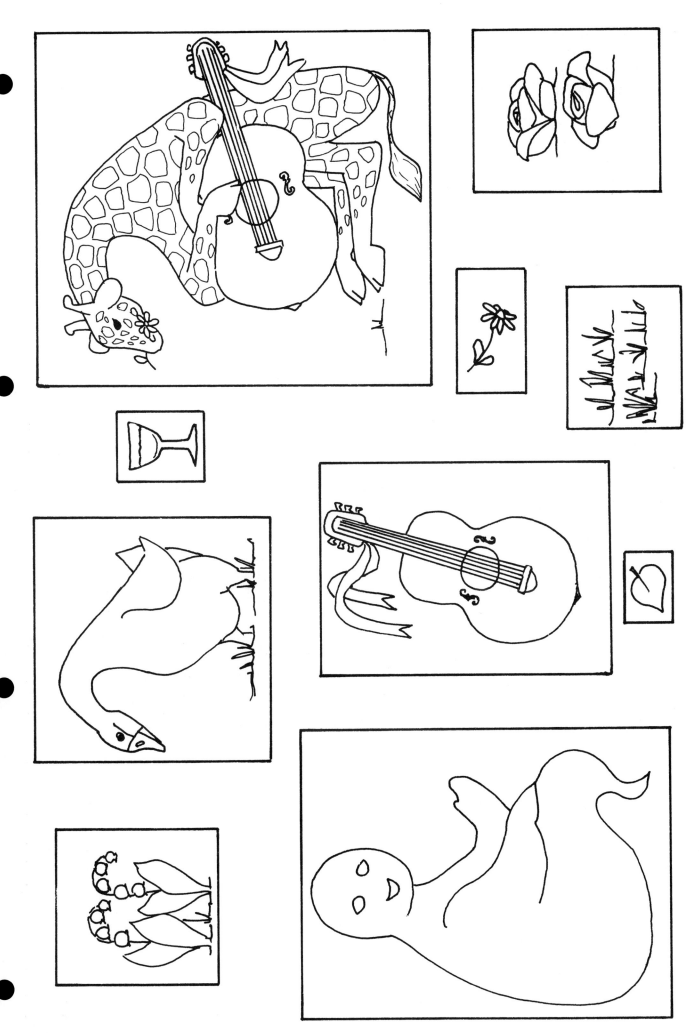

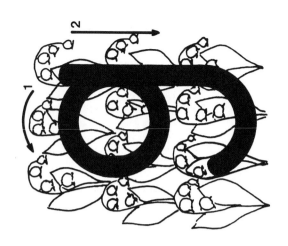

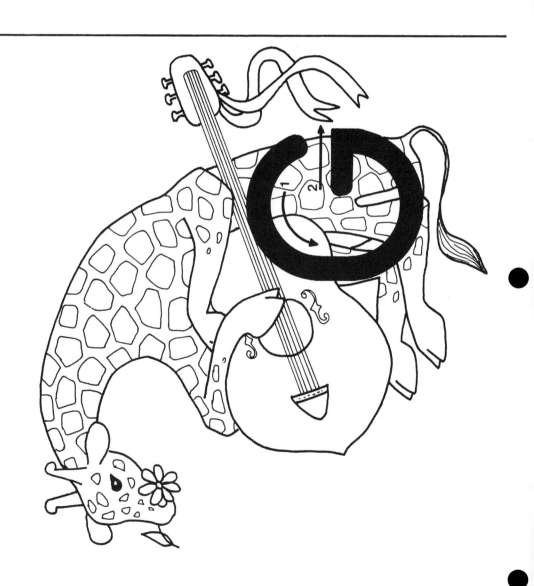

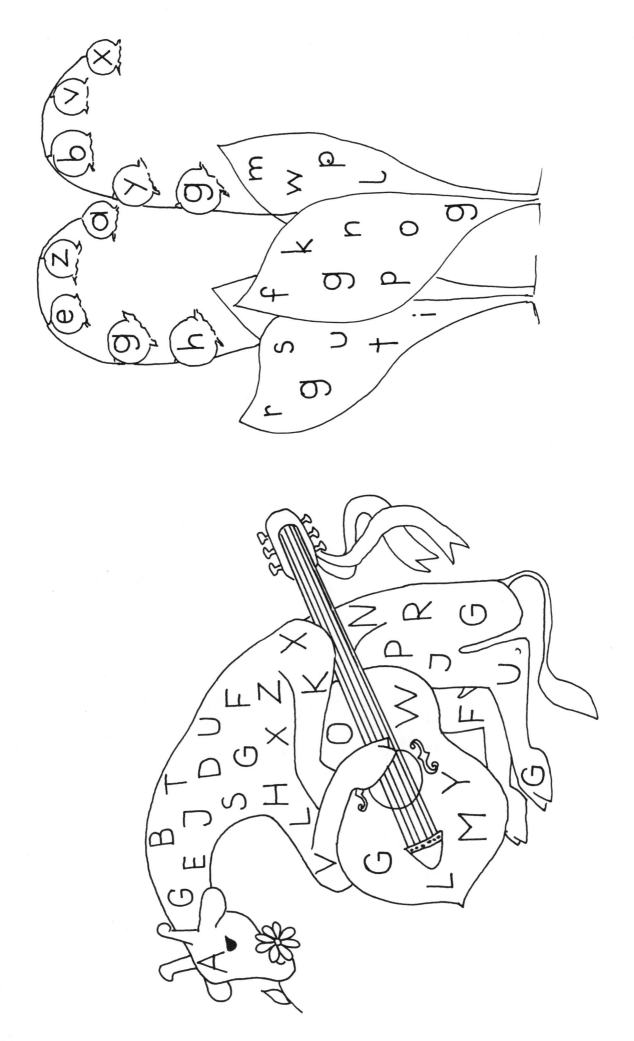

Gusti, das Gespenst, fragt die Giraffe Gabi: „Gehst du mit mir in den grünen Garten?" „Prima!", meint die Giraffe, „dann nehme ich meine Gitarre und begleite dich, wenn du auf der Geige spielst." „Das gefällt mir sehr gut", entgegnet Gusti. Sie suchen sich im Garten vor dem Gebüsch einen geeigneten Platz. Vorsichtig setzt sich Gusti ins Gras und steckt sich ein Gänseblümchen ins Haar. Nun kann es losgehen. Die Maiglöckchen läuten ganz leise zum Geigenspiel. Gabi mag im Gemüsebeet sitzen. Sie greift in die Saiten der Gitarre. Aber noch lieber würde sie jetzt eine Gurke probieren. Dafür hält sie nur eine Margerite im Maul. Da kommt neugierig eine graue Gans. Aber sie hört nur wenig zu. Sie genießt den Gänsewein im Glas.

Wortliste: G – g

Gespenst   Geige   Giraffe
Gemüse   Gurke   Gans
Glas   Gras   Gebüsch
Gänseblümchen   Gitarre
Maiglöckchen   Margerite
Bogen   Augen

A

Das Gespenst spielt Geige.
Die Gans trinkt aus dem Glas.
Die Giraffe spielt Gitarre.
Das Gespenst sitzt im Gras.
Die Blumen blühen im Garten.
Die Gans spielt Geige.
Das Gespenst trinkt aus dem Glas.
Das Gespenst hört zu.
Die Giraffe frisst Salat.
Die Giraffe singt ein Lied.

B

Die Giraffe zupft auf der Gitarre.
Die Giraffe hält eine Blume im Maul.
Das Gespenst trägt ein Gänseblümchen im Haar.
Die Gans taucht den Schnabel ins Glas.
Das Gitarrenband flattert im Wind.
Das Gespenst sitzt im Gemüse.
Die Giraffe hält eine Blume in der Hand.
Die Gans tanzt zur Musik.
Das Gespenst klappert mit dem Schlüssel.
Die Gans trägt einen Hut.

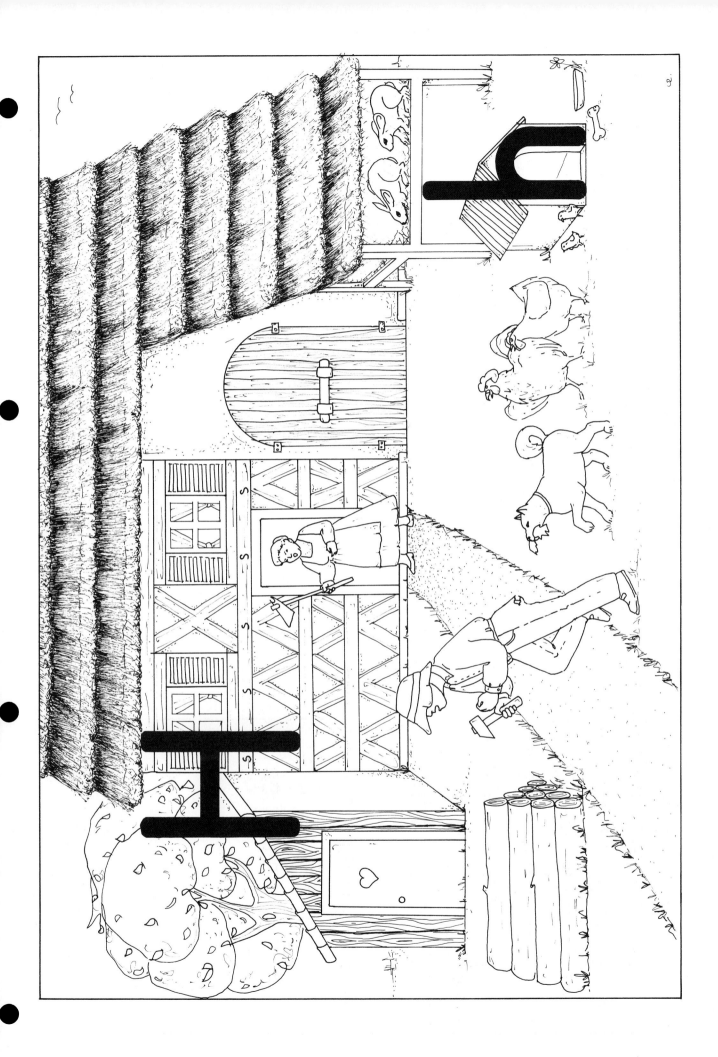

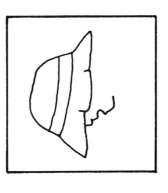

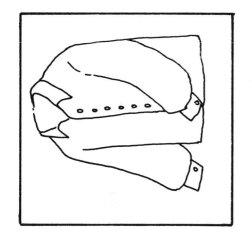

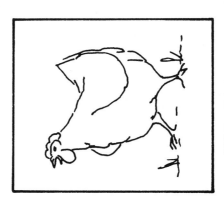

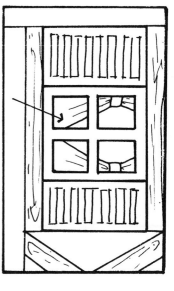

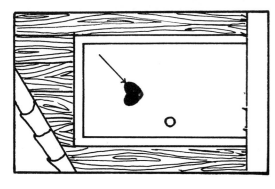

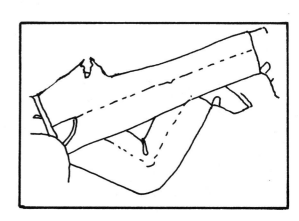

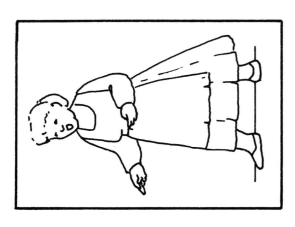

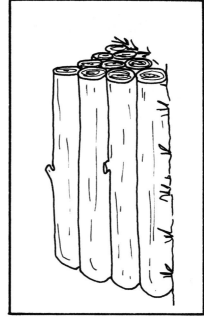

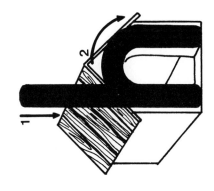

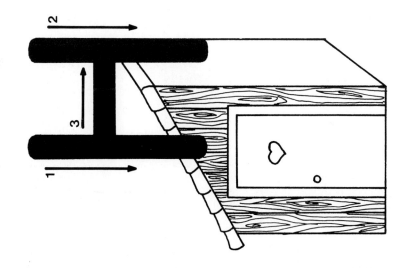

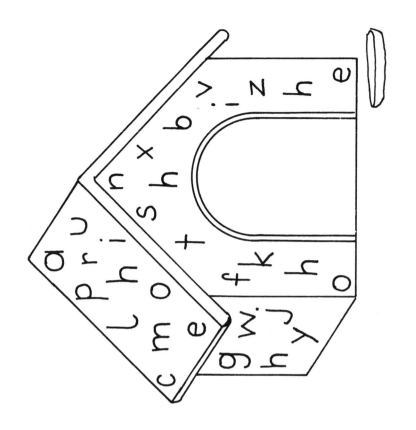

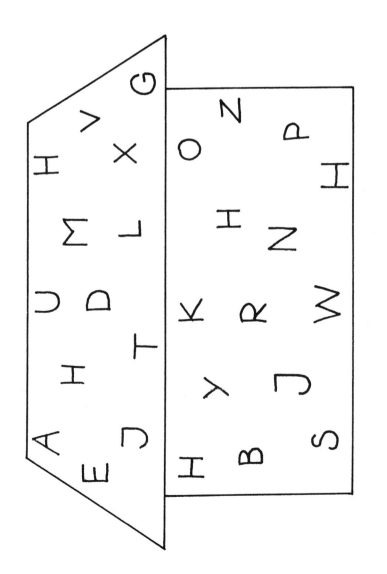

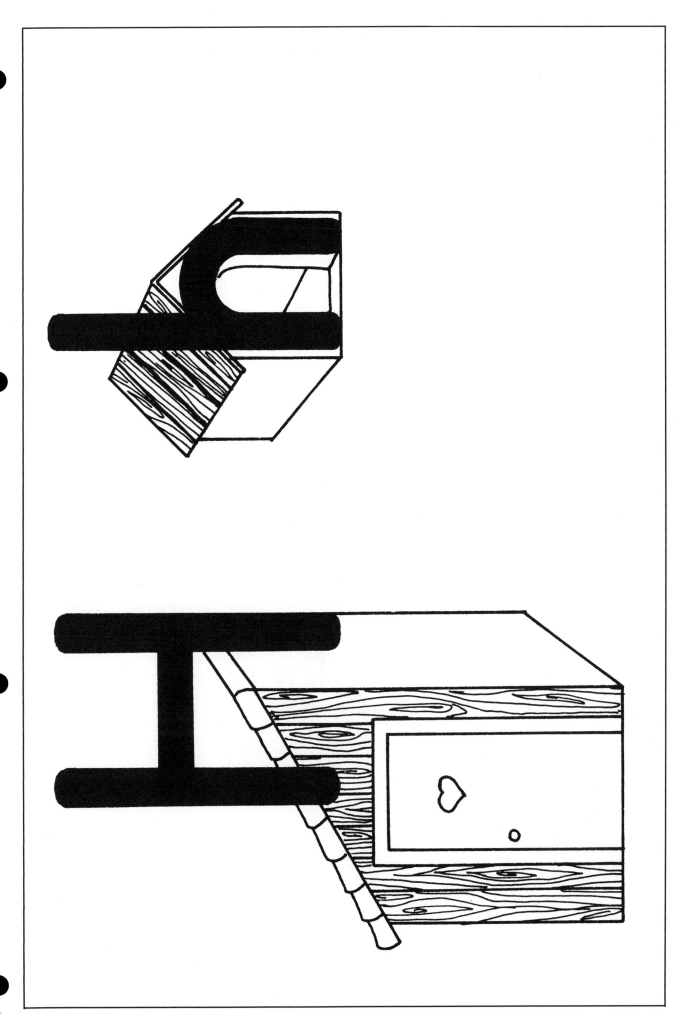

Heute schleicht **H**erbert, der Dieb, zum **H**of von Bauer **H**artmann. Erst versteckt er sich im **H**äuschen mit dem **H**erzchen in der Tür. Dann schleicht er zum **H**olzstoß. Alles ist still. ‚Jetzt ist der Augenblick günstig‘, denkt **H**erbert und **h**orcht noch einmal um**h**er. Damit ihn niemand erkennt, zieht er den **H**ut tief ins Gesicht. Mit dem **H**ammer in der **H**and will er an der **H**austüre das Schloss aufbrechen. Doch er **h**at nicht mit **H**asso, dem **H**of**h**und, gerechnet. Wütend springt dieser **h**och und beißt **H**erbert in das **H**interteil. Dabei bleibt ein Stück **H**ose zwischen den Zähnen **h**ängen. Die Bäuerin **H**erta **h**at inzwischen den Lärm ge**h**ört. Mit der **H**acke in der **H**and eilt sie **h**erbei und ruft laut: „**H**ilfe, **H**ilfe!" Die **H**ühner mit dem **H**ahn gackern ganz aufgeregt und flattern **h**inter **H**asso **h**er um ihm zu **h**elfen. Auch die **H**asen **h**oppeln aufgeschreckt im **H**asenstall **h**erum. **H**erbert rennt, so schnell er kann, nach **H**ause. Dabei verliert er seinen **H**ammer. **H**offentlich **h**at er nun keine Lust mehr beim Bauer **H**artmann einzubrechen.

Wortliste: H – h

Hof   Haus   Holz   Herz

Hut   Hammer   Hose

Hemd   Hacke   Hund

Hahn   Hühner   Hasen

Hundehütte   Hand

A

Der Dieb rennt davon.
Der Hund läuft hinter dem Dieb her.
Die Hühner gackern aufgeregt.
Die Frau ruft um Hilfe.
Die Hasen sind im Stall.
Die Frau winkt dem Dieb fröhlich zu.
Der Hund begrüßt den Dieb.
Die Hasen laufen über den Hof.
Die Katze schaut zu.
Der Dieb hat einen Knochen in der Hand.

B

Der Hund reißt ein Stück aus der Hose.
Die Hühner gackern vor Aufregung.
Die Bäuerin droht mit der Hacke.
Auf dem Bauernhof leben viele Tiere.
Die Hasen hoppeln im Käfig umher.
Der Dieb trägt einen Hasen davon.
Der Hund hält den Dieb am Arm fest.
Die Bäuerin verschließt die Haustür.
Die Hühner picken am Knochen.
Auf dem Hof steht ein Traktor.

11

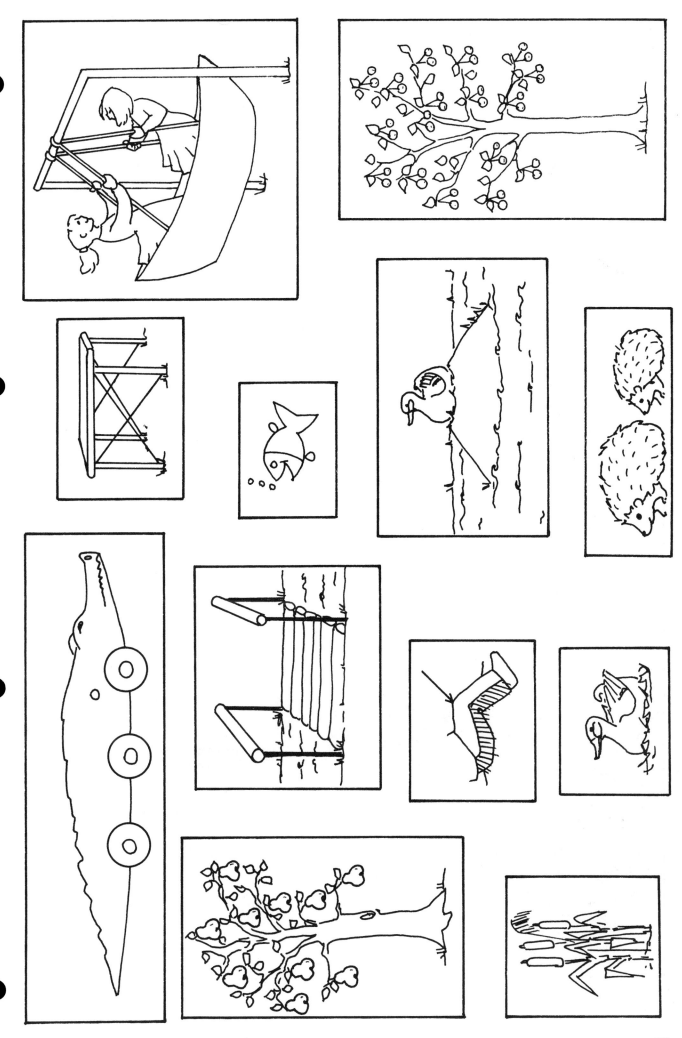

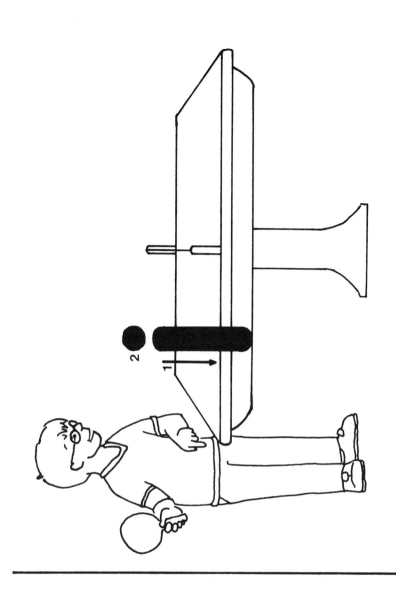

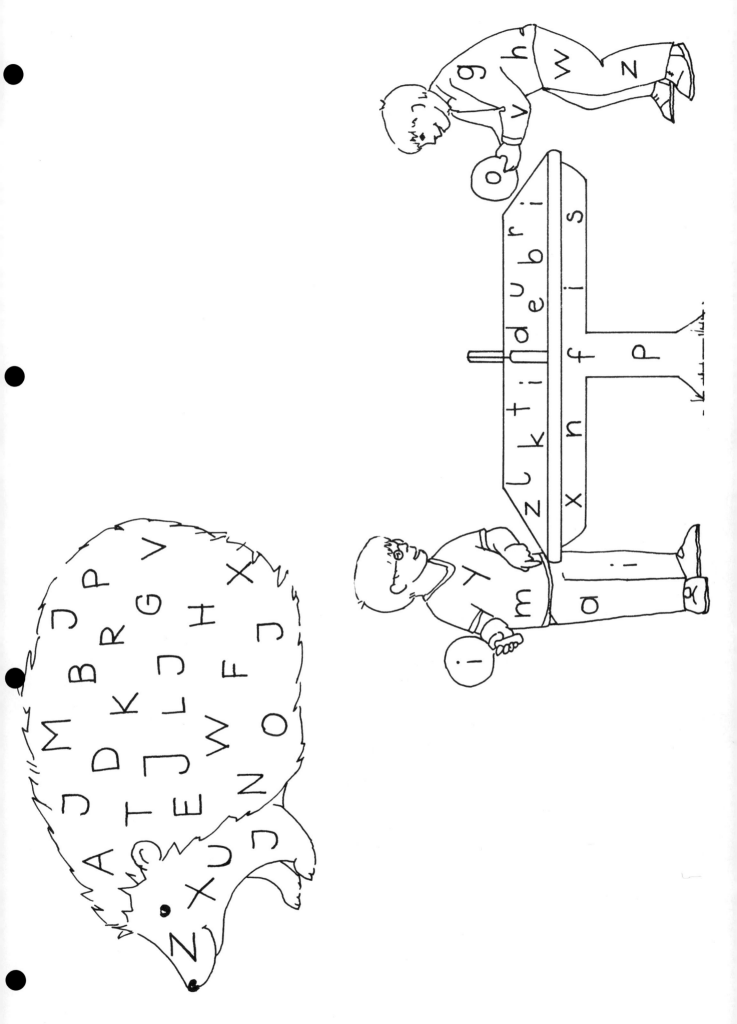

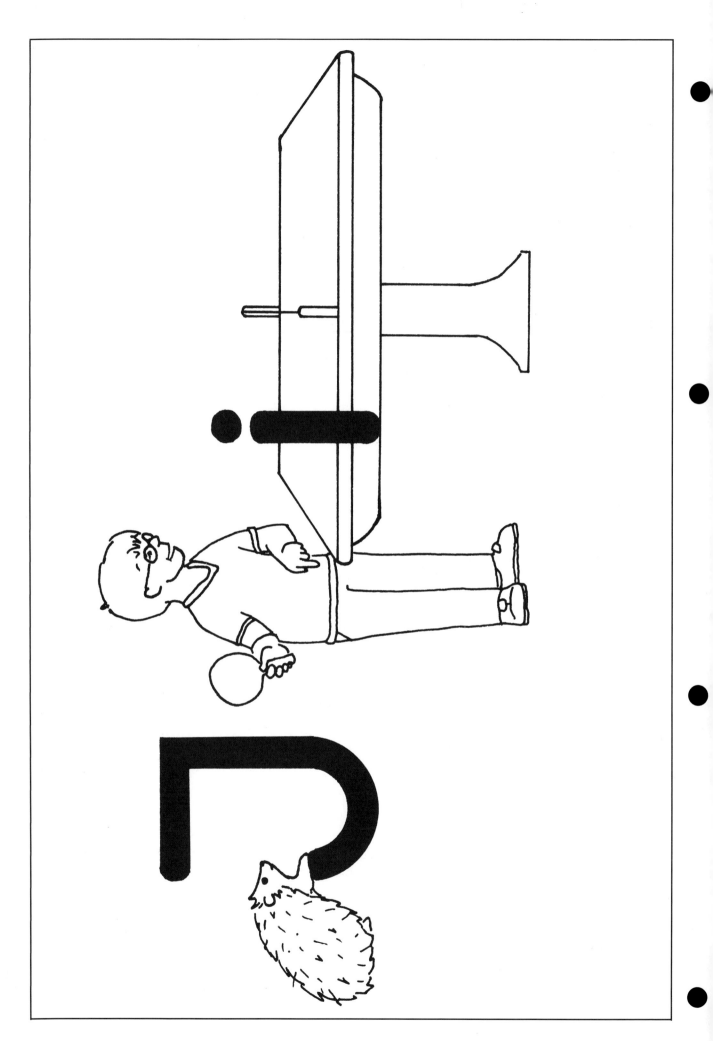

Im Kinderpark ist heute etwas los. Pit und Ingo spielen Tischtennis. Ingo sieht mit seiner neuen Brille den Ball viel besser. ‚Ob die Birnen und Kirschen am Baum schon reif sind', denkt er.
„Und Schwung, und Schwung!", rufen Ina und Sabine in der Schiffschauel, „der Fisch in dem Schiff soll richtig fliegen, fliegen, fliegen!"
Inzwischen sind auch Dominik und Fabian da. Sie haben sich als Indianer verkleidet. Dominik heißt Häuptling Wildes Krokodil und Fabian nennt sich Schleichender Igel. Fabian hat sich im Gebüsch versteckt, Häuptling Wildes Krokodil muss ihn finden. Der hat aber keine große Lust. Genießerisch raucht er seine Friedenspfeife. Dabei erblickt er auf der Insel im Bächlein eine Ente, die mitten im Schilf brütet. Nun überfällt ihn aber ein großer Durst. Unter dem Sonnenschirm steht ein Tisch mit Limo für die Kinder. Draußen fährt gerade ein Bus vorbei. Da sitzen Birgit und Friedi drin. Dominik winkt ihnen hinterher.

Wortliste: J – i

Jgel   Jndianer   Jnsel
Birnen   Kirschen
Tischtennis   Kinder
Omnibus   Schirm   Limo
Tisch   Schiffschaukel
Fisch   Schilf   Krokodil

Blatt I7:

Das -ie-, oder auch „langes i" genannt, bereitet den Schülern immer wieder Probleme. Auf der Zeichnung zieht das e den Arm vom i in die Länge, damit soll die Dehnung deutlich gemacht werden.

A

Die Kinder spielen Tischtennis.

Ein Bus fährt vorbei.

Die Ente sitzt im Nest.

Die Limonade ist in der Kanne.

Der Jndianer reitet auf dem Krokodil.

Das Krokodil beißt den Jungen.

Die Kinder spielen Fußball.

Der Schirm ist umgefallen.

Die Schaukel ist leer.

Auf dem Tisch sitzt ein Frosch.

B

Ein Jndianer hat sich hinter dem Busch versteckt.

Zwei Kinder schaukeln in der Schiffschaukel.

Jm Omnibus sitzen Leute.

Die Jgelfamilie geht spazieren.

Am Baum hängen Birnen.

Jm Omnibus sitzt niemand.

Die Ente schwimmt im Wasser.

Über den Bach führen zwei Brücken.

Die Jgel fressen einen Apfel.

Es ist Winter.

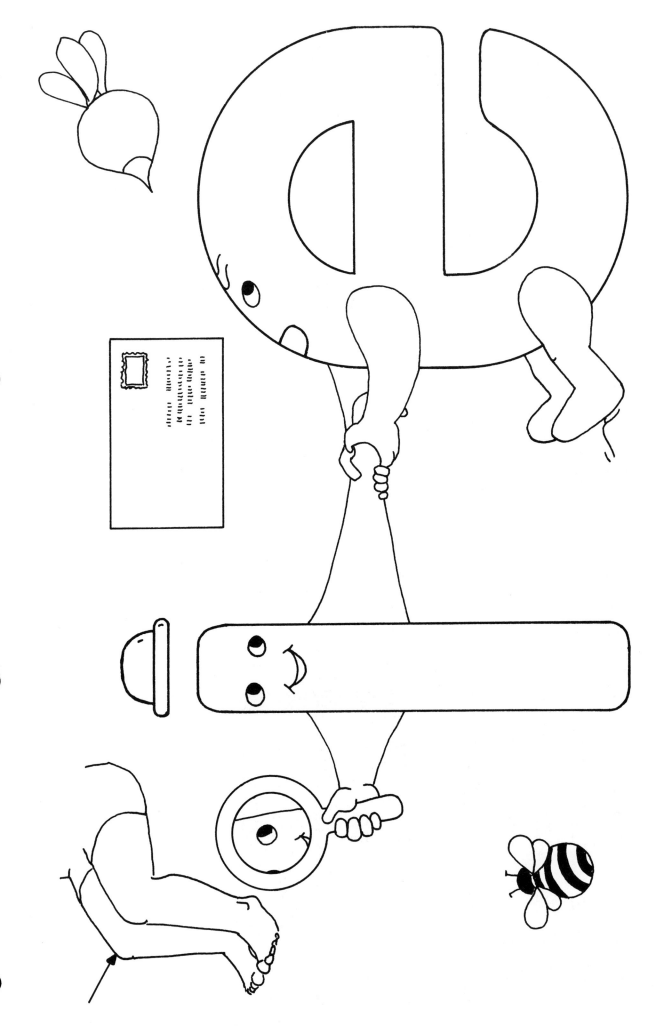

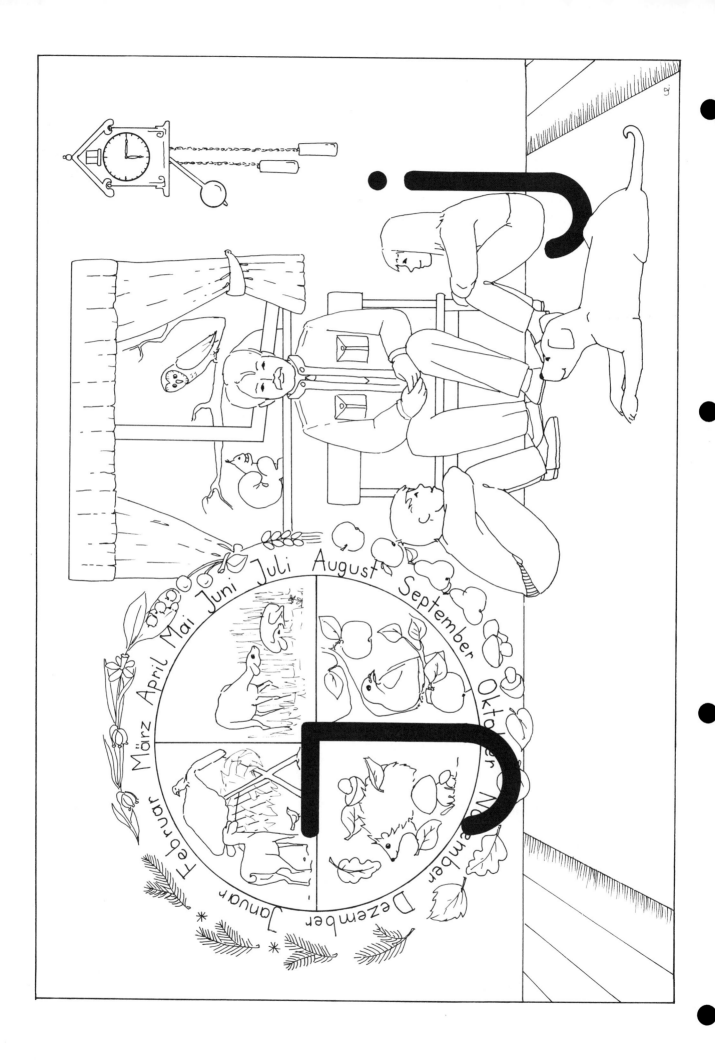

Anja und **J**ürgen sitzen mit ihrem Vater, der **J**äger ist, im **J**agdhaus. Er erzählt ihnen von den Tieren im Wald. **J**ürgen weiß schon, dass der **J**äger im **J**anuar, wenn es ein harter Winter ist, das Wild mit Futter versorgt. An**j**a will mehr von der Schonzeit hören. Vater erzählt, dass die Rehmütter und ihre Kinder im Februar, März, April, Mai, **J**uni, **J**uli und August besonders geschützt sind. Am Schluss meint **J**ürgen: „Das **J**ägerjahr ist aber recht abwechslungsreich. Immer gibt es etwas Neues."

Jakel, der **J**agdhund, hört auch mit zu. Er denkt: ,Wenn die **J**agd nur schon wieder losginge. Ich **j**age **j**a für mein Leben gern.'

Wortliste: J – j

Jäger Jahr Januar Juni Juli Jagdhund Jacke Anja

A

Die Eule sitzt im Baum.

Die Kinder hören dem Jäger zu.

Die Uhr hängt an der Wand.

Der Jäger erzählt Geschichten

von den Tieren im Wald.

Die Tiere sind an der Futterstelle.

Die Kinder lesen ein Buch.

Der Jäger geht in den Wald.

Der Hund schläft unter der Bank.

Die Blumen blühen am Fenster.

Das Eichhörnchen ist im Nest.

B

Der Jgel sucht Nahrung im Laub.

Die Rehmutter beschnuppert

das Junge.

Das Eichhörnchen sitzt am

Fenster.

Der Jagdhund schaut zum

Förster auf.

Die Kinder hören begeistert zu.

Der Jäger raucht ein Pfeifchen.

Der Hund nagt an seinem

Knochen.

Die Kinder spielen auf dem

Teppich.

Der Jgel frisst schmatzend den

Apfel.

Die Uhr steht still.

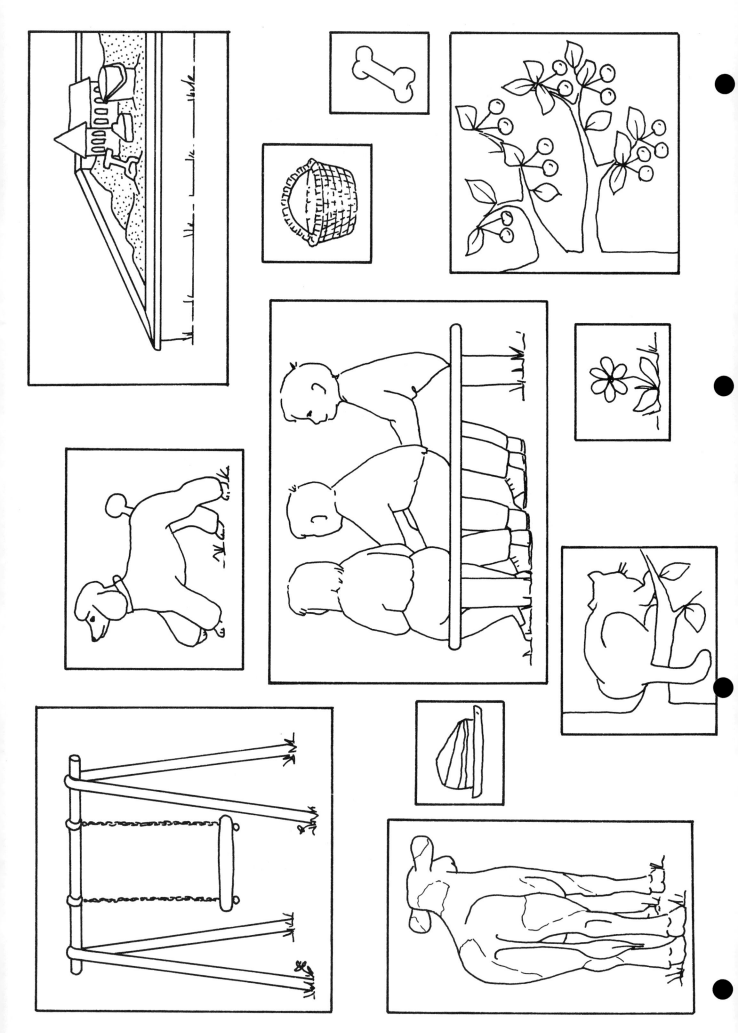

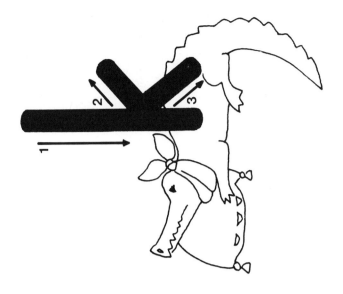

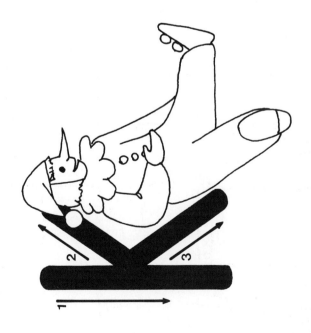

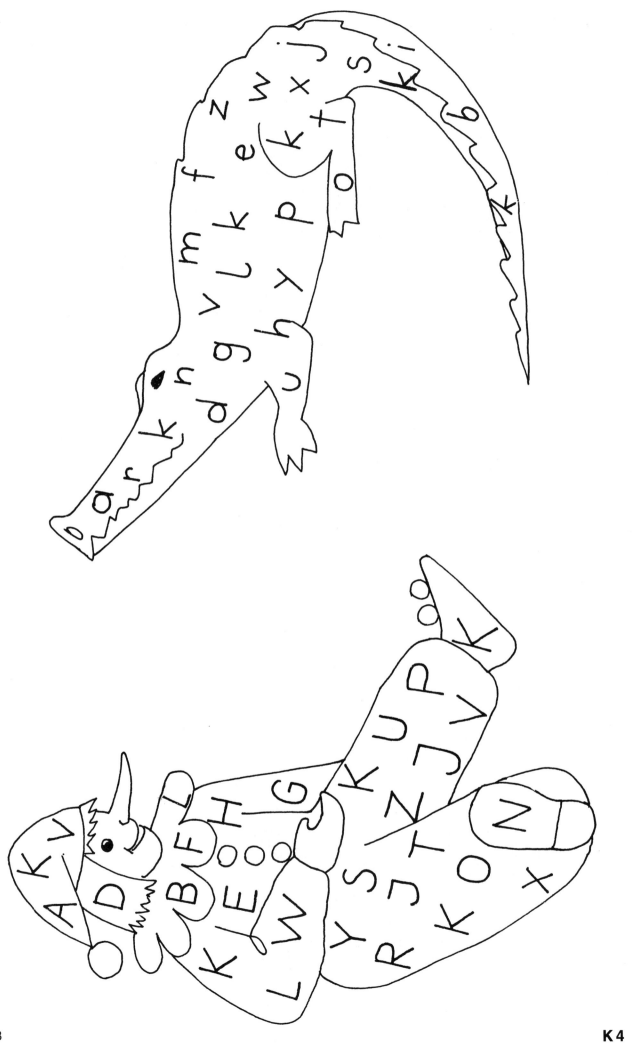

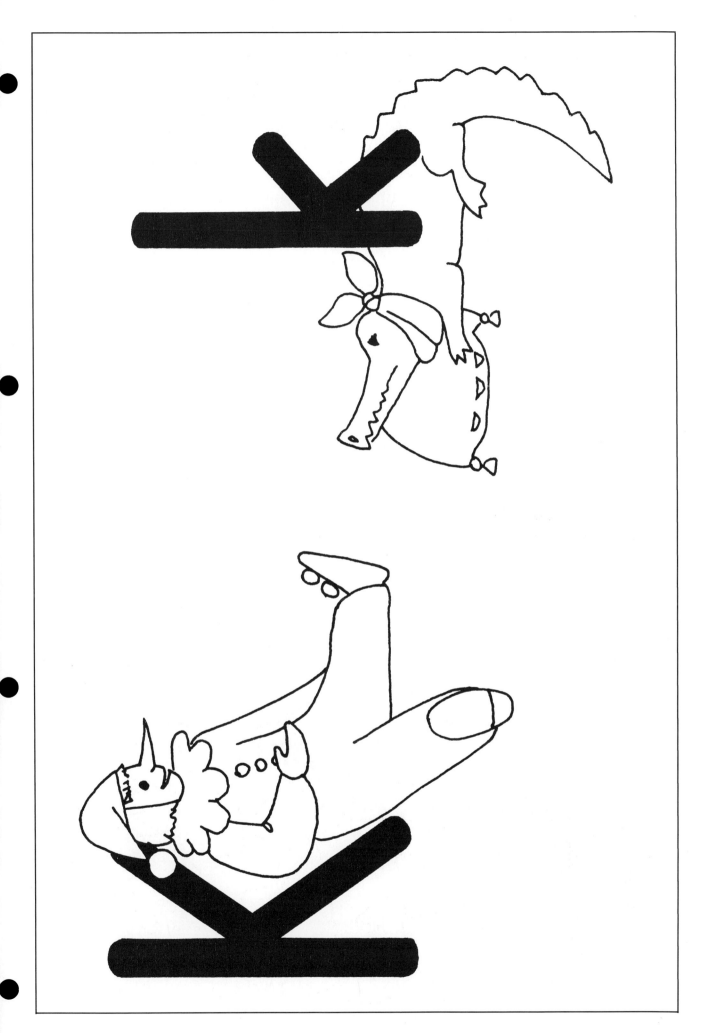

„Trarirallala, Kasperle ist wieder da! Kinder, seid ihr auch alle da? Ja? Ach, was ist das heute für eine komische Geschichte", klagt Kasperle. „Denkt euch, mein Krokodil ist krank. Es liegt auf einem Kissen mit einem warmen Wickel um die Backen. Es frisst nicht mal Kuchen. Was soll ich nur tun?"

Die Kinder denken nach. „Ich hab noch ein paar Kirschen im Korb. Vielleicht schmecken die ihm", meint Konrad.

„Das ist doch Unsinn, ein Krokodil mag doch keine Kirschen", ruft Klausi, „es will sicher im Sandkasten spielen oder schaukeln."

Der Pudel Karlchen knurrt leise: „Aber meinen Knochen kriegt es nicht!"

Der kleinen Katze ist das unheimlich. Sie klettert lieber flink auf den Kirschbaum.

„Aber mein Kälbchen bekommt es nicht", wendet Karolinchen ein, „wenn man krank ist, dann gibt es keinen Knochen und kein Kälbchen, sondern höchstens Kamillentee!" Kasperle lacht: „Danke, danke Kinder. Wenn das Krokodil Kamillentee hört, kommt es ganz schnell ohne Wickel aus seinem Kissen und ist wieder gesund."

Wortliste: K – k

Kasperle   Kuchen
Krokodil   Kissen   Kirschen
Kälbchen   Korb   Katze
Kinder   Knochen   Kirche
Krokodil   Schaukel
Sandkasten

K 6

Kasper reicht dem kranken Krokodil einen feinen Kuchen.

Die Kinder freuen sich über die Vorstellung.

Die Katze schaut zu.

Der Pudel bewacht den Knochen.

Das Krokodil liegt auf dem Kissen.

Kasper reicht dem kranken Krokodil einen feinen Knochen.

Die Katze lauert dem Vogel auf.

Der Pudel vergräbt den Knochen im Sand.

Am Baum sind die Birnen reif.

Das Kälbchen sitzt auf der Schaukel.

Kasper gibt dem Krokodil ein Stück Kuchen.

Das Krokodil hat Zahnweh.

Die Kinder schauen zu.

Der Pudel gibt seinen Knochen nicht her.

Das Kälbchen steht bei den Kindern.

Das Krokodil beißt die Katze.

Das Kälbchen mag Knochen gerne.

Kasper spielt mit den Kindern.

Der Pudel will Kirschen.

Ein Kind ist auf der Schaukel.

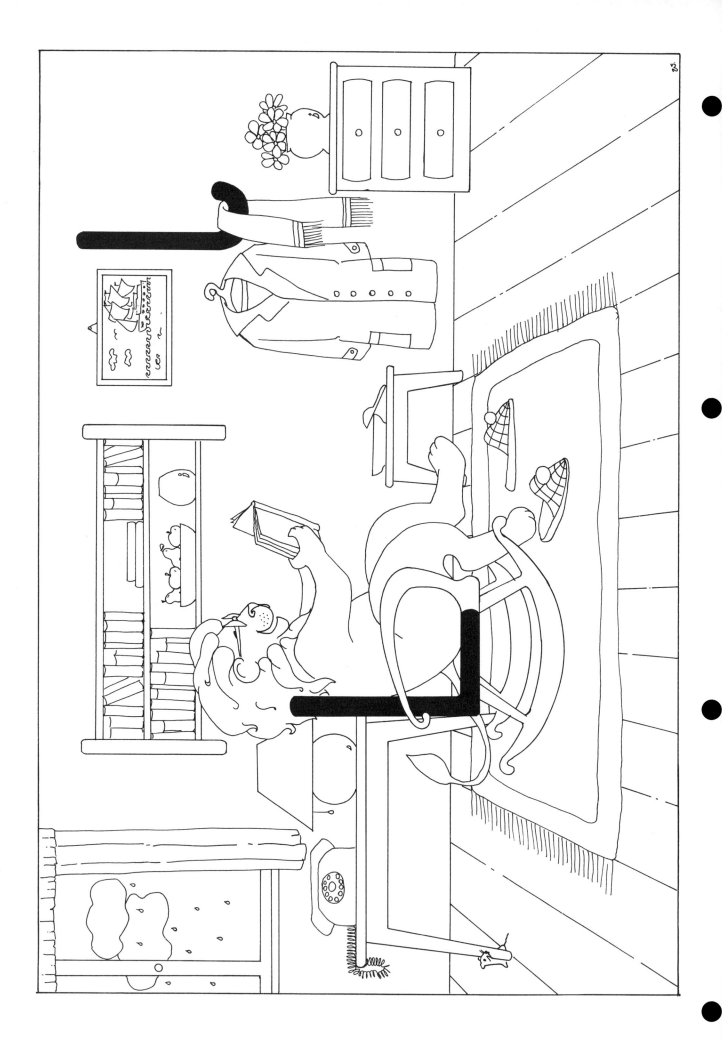

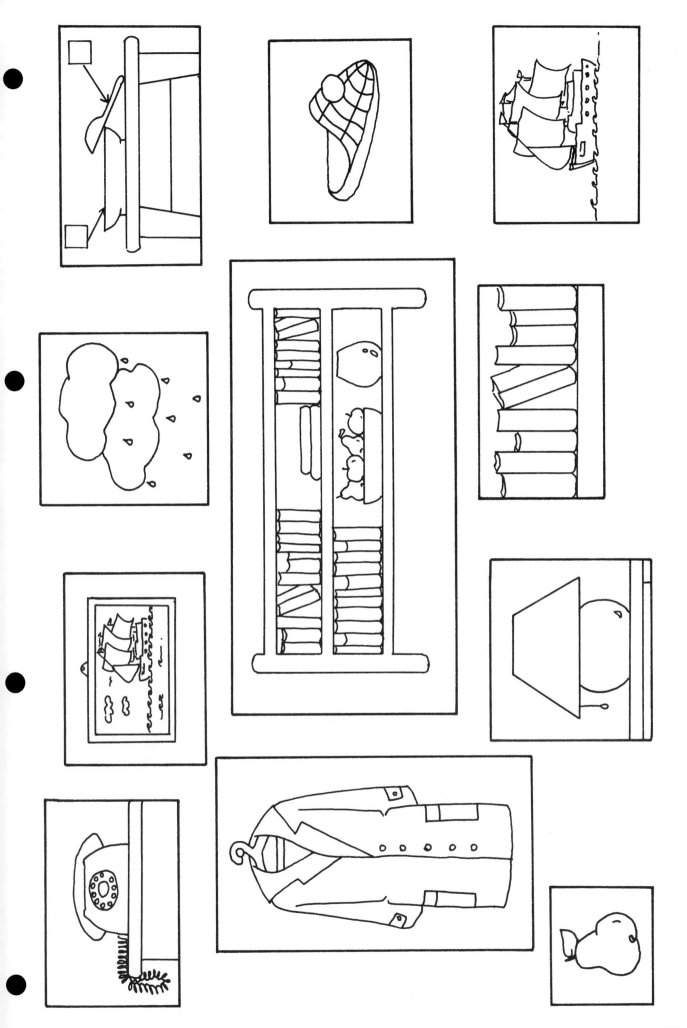

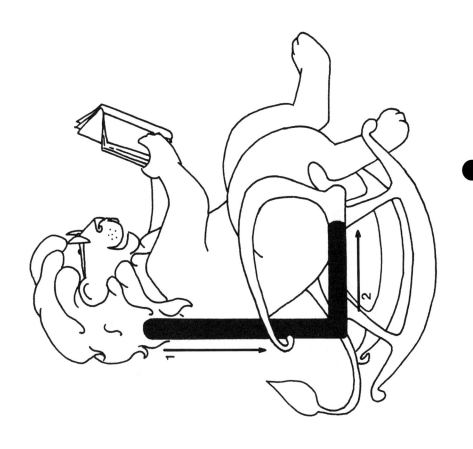

114

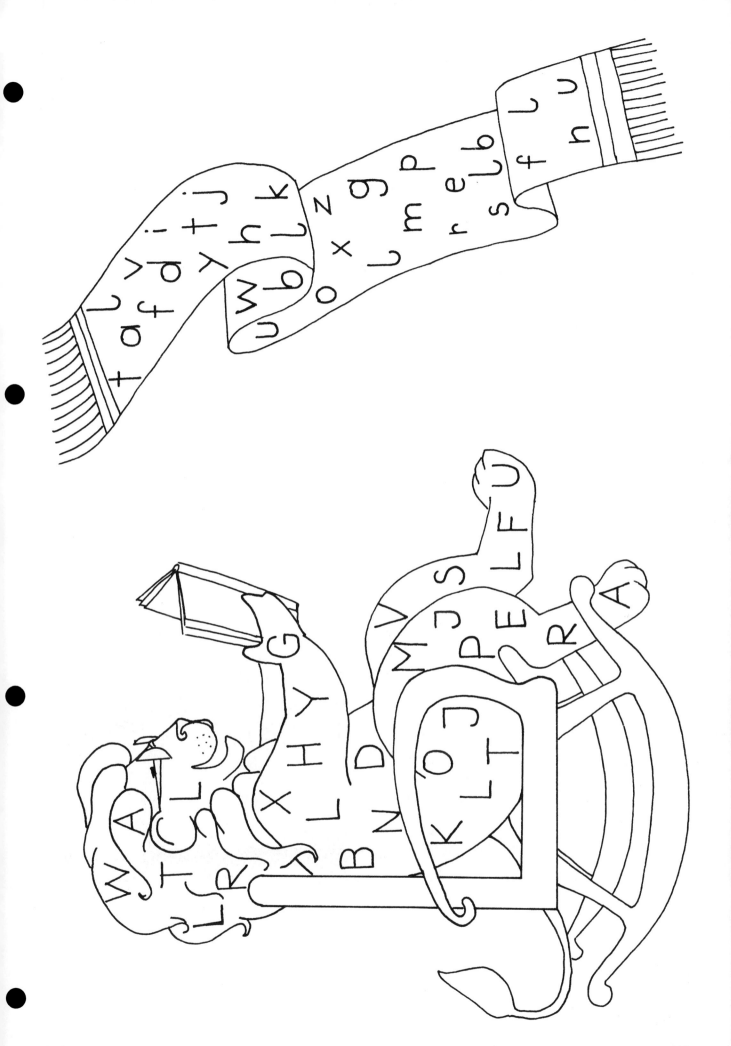

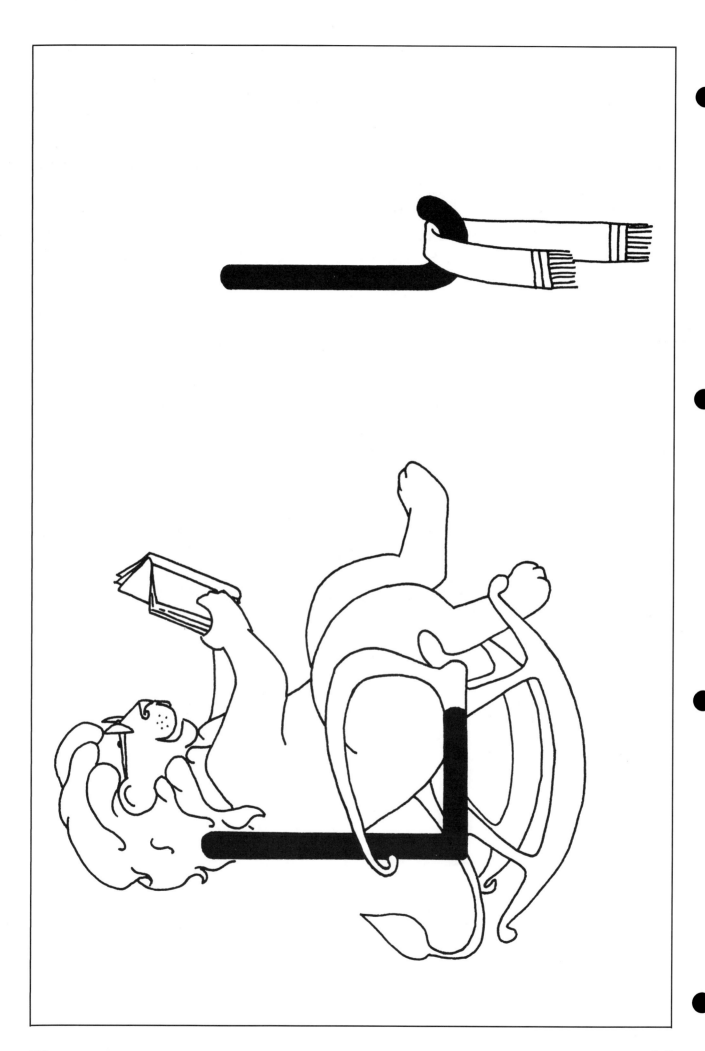

116

Leo, der Löwe, überlegt: ,Soll ich heute im Urwald auf Jagd gehen oder lieber zu Hause lesen?' Mantel und Schal hängen griffbereit unter dem Segelbootbild. Aber Leo hat heute keine Lust in den Urwald zu gehen, denn am Himmel erblickt er Regenwolken. Und schon wird es dunkel. Leo macht die Lampe neben dem Telefon an. Auf den Tisch legt er sich einen Teller und einen Löffel für ein Stück Apfelkuchen. Schnell holt er sich noch ein Buch aus dem Regal und schwupp sitzt er im Schaukelstuhl. Jetzt fehlt nur noch die Brille und dann kann es losgehen. Es ist so richtig gemütlich. Leo liest und liest. Bald fängt er fürchterlich zu lachen an, denn das Buch ist so lustig. Vor lauter Lachen fallen die Pantoffeln polternd von seinen Pfoten auf den Teppichboden. Viel Spaß, Leo!

Wortliste: L – l

Löwe   Lampe   Löffel
Schaukelstuhl   Brille
Regal   Bild   Segelschiff
Welle   Wolken   Schal
Mantel   Kabel   Telefon
Pantoffel   Teller   Apfel

A

Der Löwe hat eine Brille.

Auf dem Bild ist ein Schiff.

Die Bücher sind im Regal.

Auf dem Tisch steht eine Lampe.

Der Löffel liegt neben dem Teller.

Der Löwe hat den Schal um den Hals.

Die Sonne scheint durch das Fenster.

Der Löwe sitzt auf dem Tisch.

Die Brille liegt im Teller.

Die Lampe ist im Regal.

B

Jm Schaukelstuhl sitzt der lesende Löwe.

Jm Regal stehen viele Bücher.

Die Pantoffeln sind von den Pfoten gefallen.

Der Mantel hängt neben dem Schal.

Der Löwe liest das Buch mit viel Spaß.

Der Löwe telefoniert gerade.

Das Telefon ist mit einem Kissen zugedeckt.

Aus der Manteltasche schaut eine Maus.

Der Schal hält die Lampe warm.

Der Löwe riecht ein gebratenes Huhn.

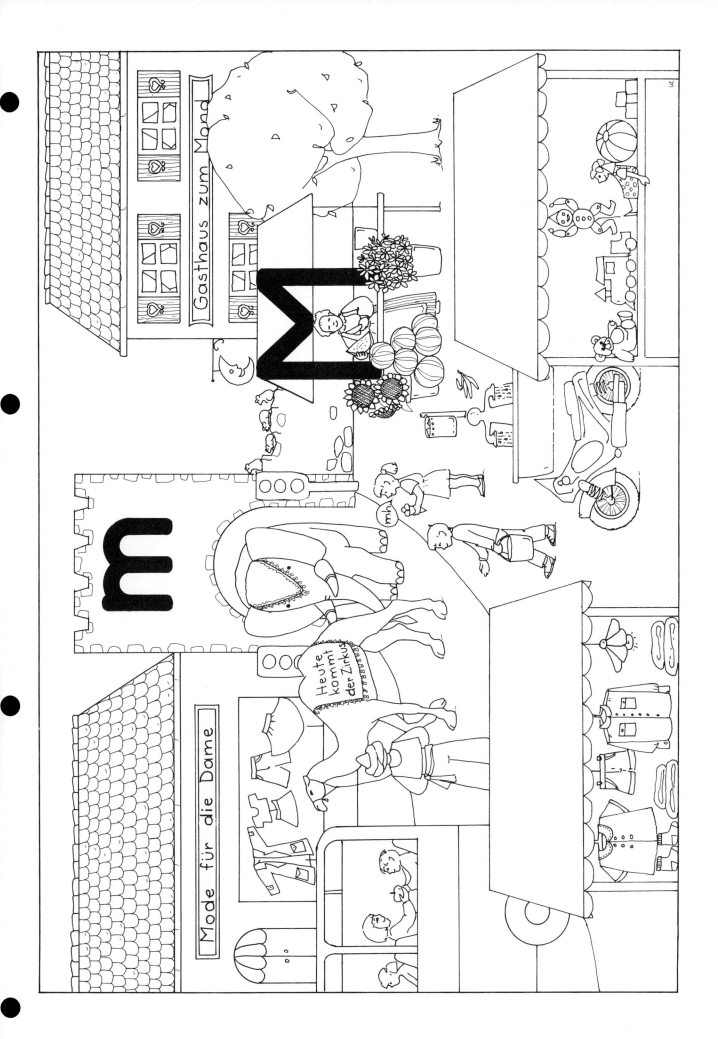

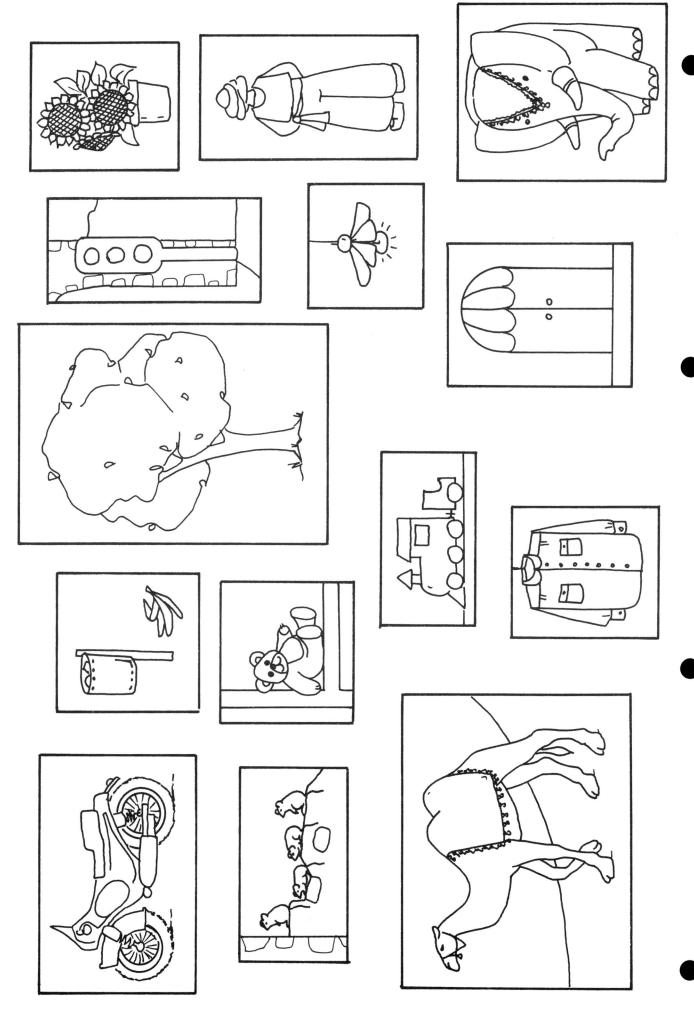

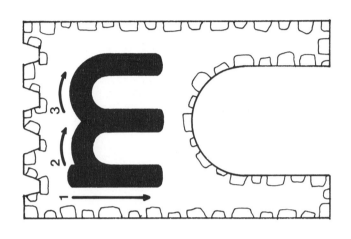

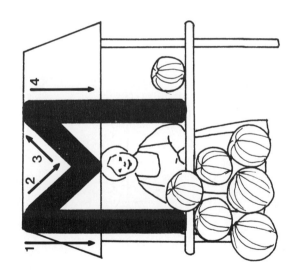

M 3

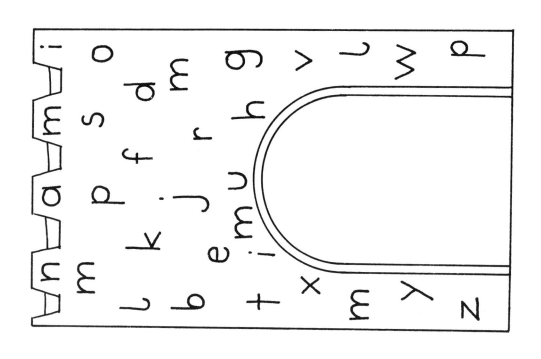

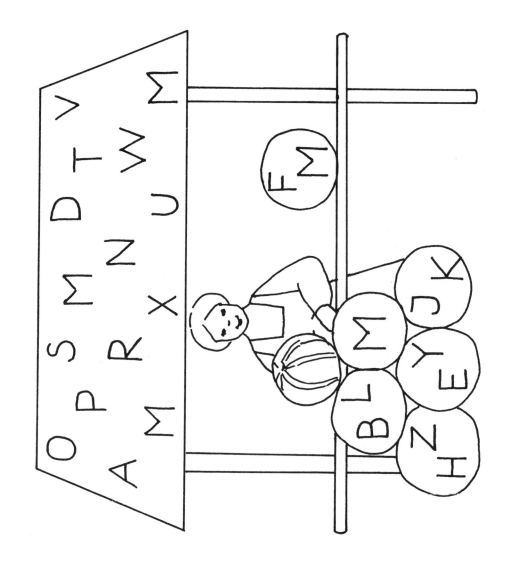

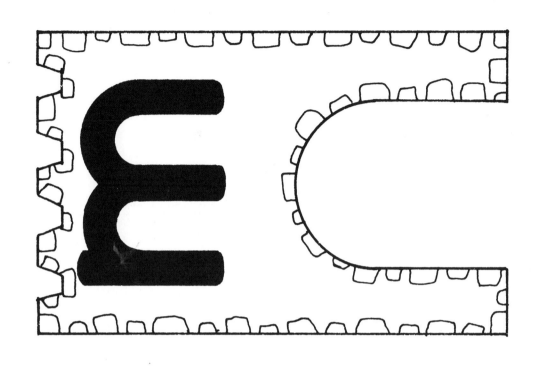

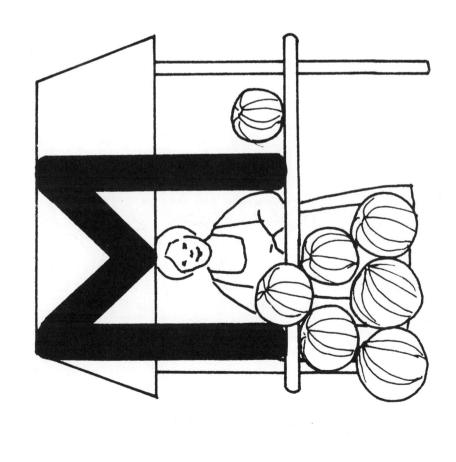

„Achtung, Achtung, heute kommt der berühmte Zirkus Muskulani." Der Kameltreiber marschiert laut rufend gerade durch den Stadtturm. Er führt ein Kamel und einen Elefanten an der Hand. Die Mäusefamilie auf der Stadtmauer überlegt, ob sie zum Zirkus gehen soll. „Macht sicher Spaß", meint der Mäusevater. „Schau, da kommt Martin mit einem Eimer Wasser für die Tiere", sagt Mäusemarkus. Da piepst Mäusemimi: „Müssen Elefanten an der Ampel stehen bleiben?"
„Für uns gilt sie auf keinen Fall", antwortet die Mäusemutti. „Aber kommt, wir wollen schnell auf den Markt. Sieh mal, dem kleinen Mädchen schmeckt das Eis." Schnell huschen die Mäuschen von der Mauer, vorbei am Gasthaus Mond zum Gemüsestand. Die dicke Marktfrau Emma träumt gerade ein bisschen. Sie merkt nicht, dass Mimi und Markus an der Melone knabbern. „Passt auf das Messer auf!", meint die Mäusemutter, bevor sie in die Sonnenblume klettert um nach Kernen zu suchen. Ein paar findet sie auch, mh, wie das schmeckt. „Kommt, wir wollen weiterschauen, was es noch alles gibt", mahnt nach einiger Zeit der Mäusevater. Husch, husch geht es weiter. Autsch, da ist doch Mimi auf der Bananenschale ausgerutscht. „Die gehört doch in den Müll", meint Mimi weinerlich. Sie muss sich von dem Schreck unter einem Baum erst einmal erholen. „Ui, ein Motorrad", ruft Markus, „das macht immer brumm, brumm und ist für uns sehr gefährlich."
„Weiter, Kinder, weiter", ruft Mutti, „wir möchten doch noch mehr sehen."
Mimi und Markus wollen zu den Spielsachen. Sie setzen sich in die Lokomotive und fühlen sich dabei sehr mutig. Die Mäuseeltern sehen sich im nächsten Stand bei der Wäsche um. Ein Hemd, Pullis, ein Paar Socken, das ist nicht nach ihrem Geschmack, aber unter der Lampe ist es schön mollig warm. Doch schon geht's weiter.
„Kinder, gebt Acht, ein Omnibus!", ruft der Mäusevater, „und außerdem wird es nun wirklich Zeit für den Zirkus." Mäusemimi meint: „Markt macht Spaß, Markt ist lustig. Das nächste Mal machen wir wieder mit!"

Wortliste: M – m

Markt Mode Mauer
Mäuse Mond Melone
Messer Mülleimer Mantel
Motorrad Mädchen Mann
Eimer Kamel Omnibus
Ampel Blumen Baum
Lokomotive Hemd Lampe
Dame Arm Turm

A

Das Kind ist im Omnibus.

Der Elefant kommt durch das Tor.

Die Blumen stehen im Eimer.

Auf der Mauer sind vier Mäuse.

Der Mann führt das Kamel.

Der Brunnen läuft über.

Das Motorrad steht neben dem Tor.

Das Kamel geht zum Brunnen.

Die Blumen sind im Müll.

Der Mann hat einen Affen an der Hand.

B

Das Kind erhält von der Mutter einen Apfel.

Die Mäuse klettern auf der Mauer herum.

Die Marktfrau verkauft Melonen.

Der Brunnen plätschert leise.

Dem Mädchen schmeckt das Eis sehr.

Die Mäuse klettern auf dem Kamel herum.

Ein Junge fährt mit dem Motorrad.

Die Bananenschale liegt im Mülleimer.

Der Omnibus hält an der Ampel.

Das Kamel hält den Elefanten am Schwanz.

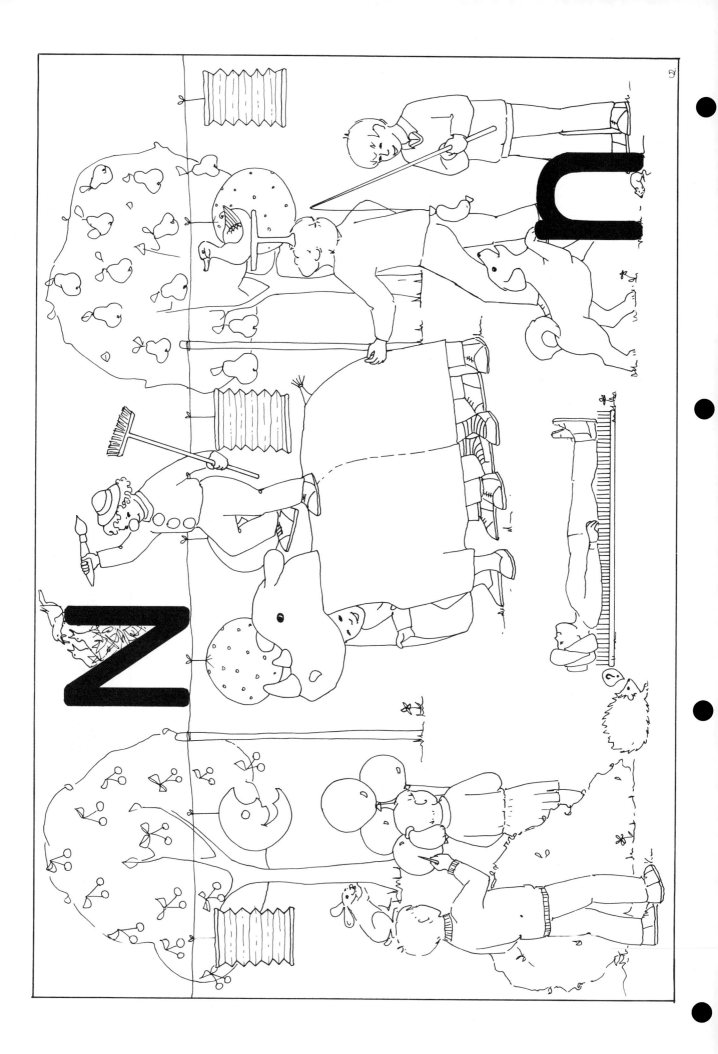

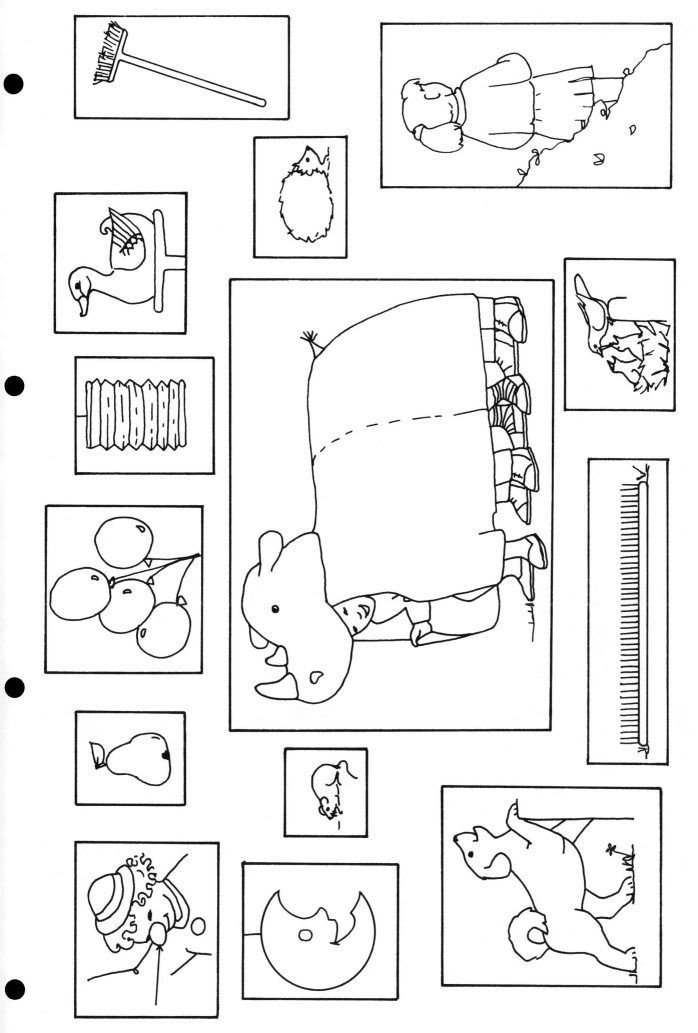

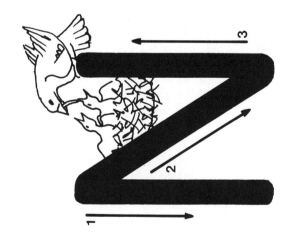

128

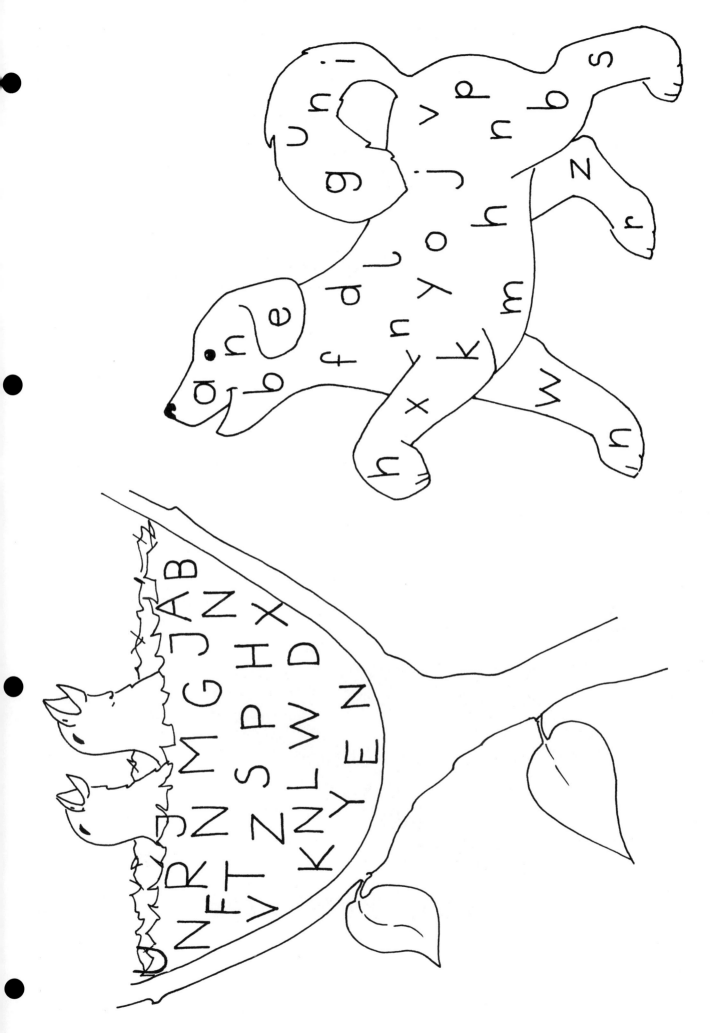

Endlich sind Ferien. Die Kinder feiern den Ferienanfang mit deinem großen Gartenfest. An der Wäscheleine hängen sie Laternen auf, damit es am Abend schön gemütlich leuchtet. Sie überlegen, was sie noch alles machen könnten. Norbert hat eine Idee. „Wir machen uns ein Nashorn!" Die anderen Kinder sind gespannt, wie das gehen soll. Mit Decken und Pappe bauen sie das Nashorn. Unter den Decken verstecken sich Susanne, Nadine, Frank und Conny. Jetzt klettert Norbert als Clown verkleidet auf das Nashorn. Es wackelt ein bisschen und Norbert versucht mit einem Besen in der einen und einem Pinsel in der anderen Hand das Gleichgewicht zu halten. Die übrigen Kinder müssen lachen. Ina ruft: „Ein Nashorn mit 8 Beinen und Ringelsöckchen gibt es ja gar nicht!" Conny schaut zwischen den Decken heraus und meint: „Wir sind nun einmal ein besonderes Nashorn."

Melanie hat sich Luftballons geholt. Doch dann macht es peng! Hans hat mit einer Nadel in einen Ballon gestochen. „So eine Gemeinheit!", schreit Melanie.

Martin balanciert einen Besenstiel mit einer Ente auf der Stirn. Er macht es schon ganz prima.

Florian hält seinem Hund Toni ein Würstchen mit der Angel vor die Nase. Toni schnappt gierig danach.

Benjamin liegt als Inder verkleidet auf einem Nagelbrett.

Der kleine Vogel in seinem Nest ist sehr erstaunt über all das, was er da sieht. Es sind ja Ferien.

Wortliste: N – n

Nashorn   Nase   Nest
Nadel   Nagelbrett
Kirschen   Birnen   Laterne
Mond   Ente   Besen
Pinsel   Kinder   Hund
Würstchen   Luftballon

A

Die Vögel sind im Nest.

Die Laternen hängen an der Leine.

Der Junge sticht in den Luftballon.

Das Nashorn hat acht Beine.

Am Baum sind viele Kirschen.

Die Maus frisst eine Wurst.

Die Laternen hängen an den Bäumen.

Auf dem Busch sitzt ein Vogel.

Das Nashorn hat einen langen Schwanz.

Der Junge fällt vom Nashorn.

B

Der Junge macht ein Kunststück mit der Ente.

Der Hund schnappt nach der Wurst.

Der Clown steht auf dem Nashorn.

Kinder haben sich unter der Decke versteckt.

Der Fakir ruht auf dem Nagelbrett.

Der Junge trägt die Ente auf dem Fuß.

Der Hase hoppelt zum Fakir.

Der Luftballon fliegt davon.

Die Trauben wachsen am Baum.

Der Hund beißt das Nashorn.

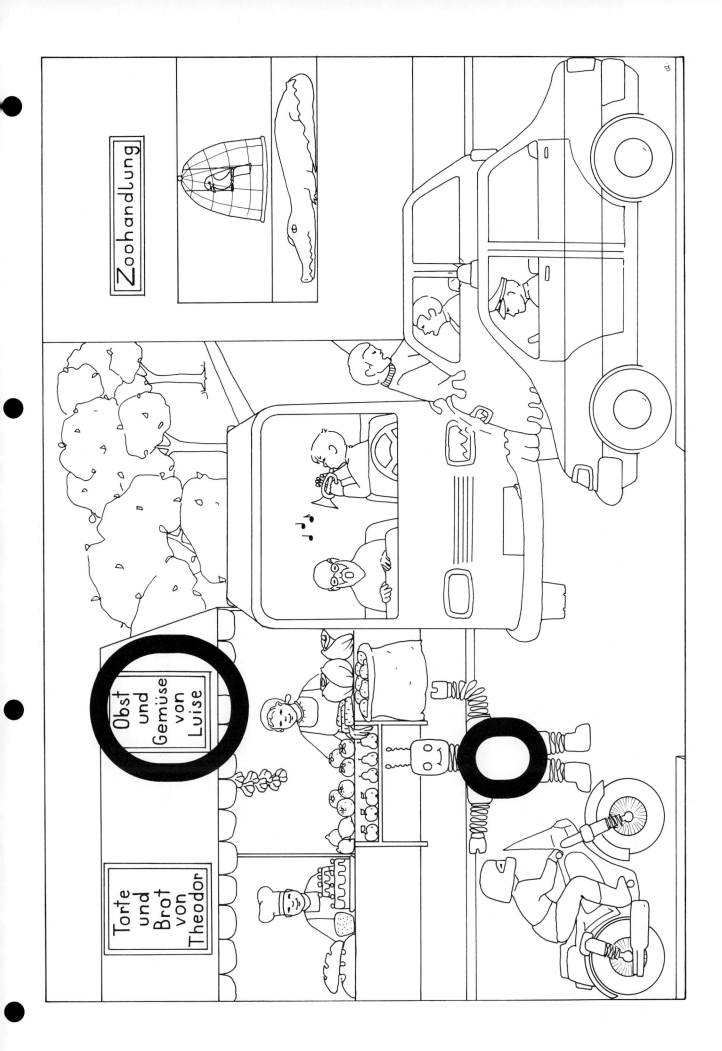

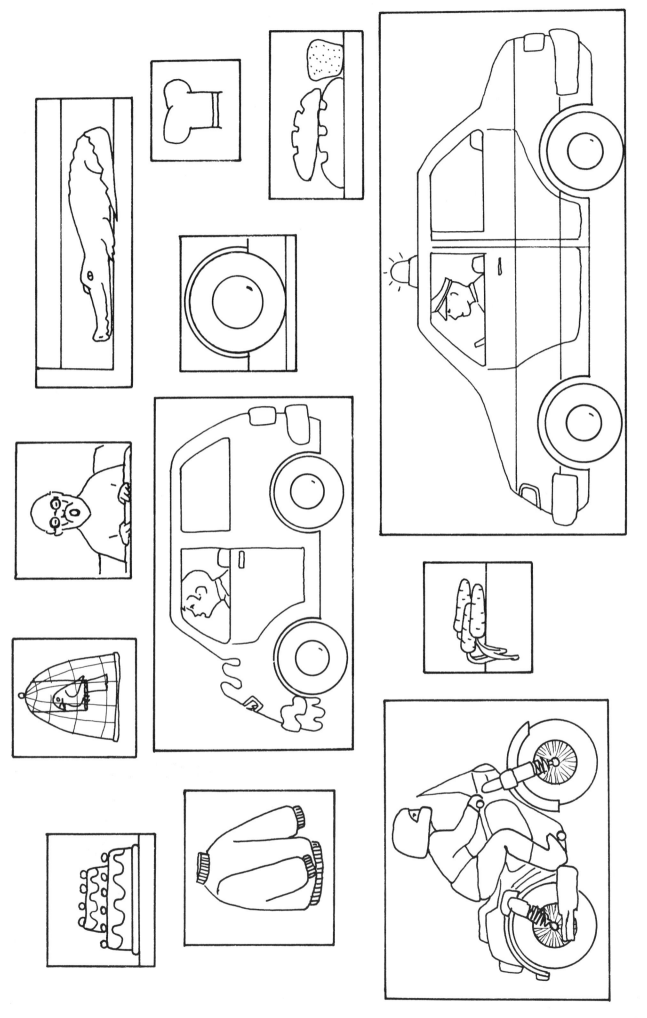

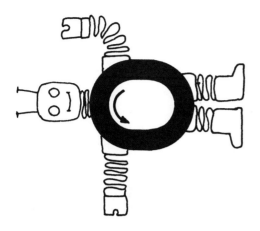

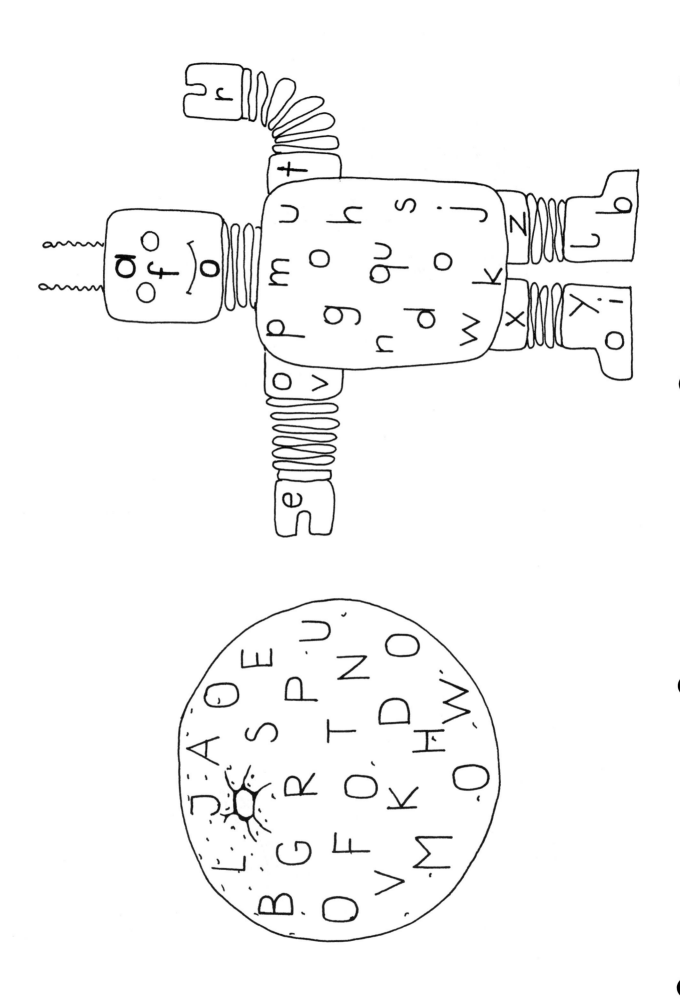

136

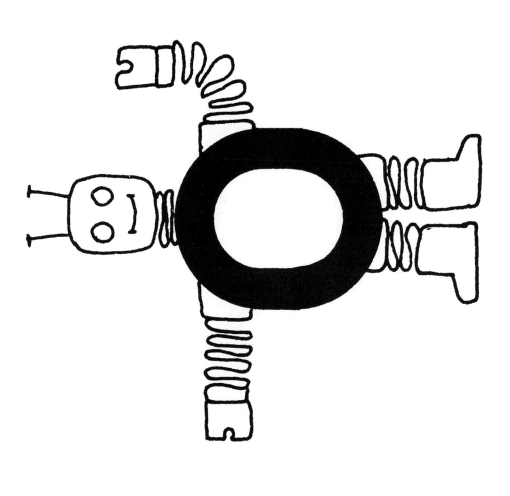

Laut tönt es die Straße entlang: „Frisches Obst und Gemüse von Luise! Frische Tomaten, frischer Knoblauch, frische Karotten und Kohl, Kartoffeln, Zitronen, Birnen und Äpfel. Vieles besonders billig im Sonderangebot!" Daneben schallt es: „Schokoladentorte, Orangencremetorte, außerdem Vollkornbrot, Roggenbrot, Mehrkornbrot, alles gut für die Gesundheit bei Bäcker Theodor."
Plötzlich macht es krach! Die Aufregung ist groß. Da ist ein Omnibus mit einem Auto zusammengestoßen. Der Opa im Bus ist tüchtig erschrocken. Hinter ihm spielt Otto auf der Trompete einen Tango. Na so was. Tatütata, die Polizei kommt schon angebraust. Ein Polizeiroboter regelt den Verkehr. Der Motorradfahrer darf an ihm vorbeifahren.
Das Krokodil und der Vogel in der Zoohandlung schauen erstaunt, was da so alles passiert.

Wortliste: O – o

Obst Orangen Opa
Omnibus Zoohandlung
Vogel Krokodil Tomaten
Zitronen Karotten Kohl
Kartoffeln Knoblauch
Torte Brot Trompete
Noten Auto Pullover
Polizei Polizeiauto
Roboter Motorrad

A

Der Roboter regelt den Verkehr.

Ein Junge spielt auf der Trompete.

Die Polizei kommt gerade.

Der Omnibus ist in das Auto gefahren.

Die beiden Fahrer schimpfen.

Das Krokodil regelt den Verkehr.

Der Roboter verkauft Torten.

Die Polizei kommt nicht.

Der Omnibus ist leer.

Die Äpfel rollen auf die Straße.

B

Das Motorrad steht an der Kreuzung.

Der Omnibus ist beschädigt.

Das Polizeiauto fährt gerade vor.

An der Kreuzung regelt der Roboter den Verkehr.

Am Gemüsestand gibt es Gemüse und Früchte.

Der Autofahrer wirft mit Tomaten.

Die Polizisten streicheln das Krokodil.

Jm Omnibus sitzen keine Leute.

Auf dem Polizeiauto sitzt der Roboter.

Der Motorradfahrer bekommt einen Apfel.

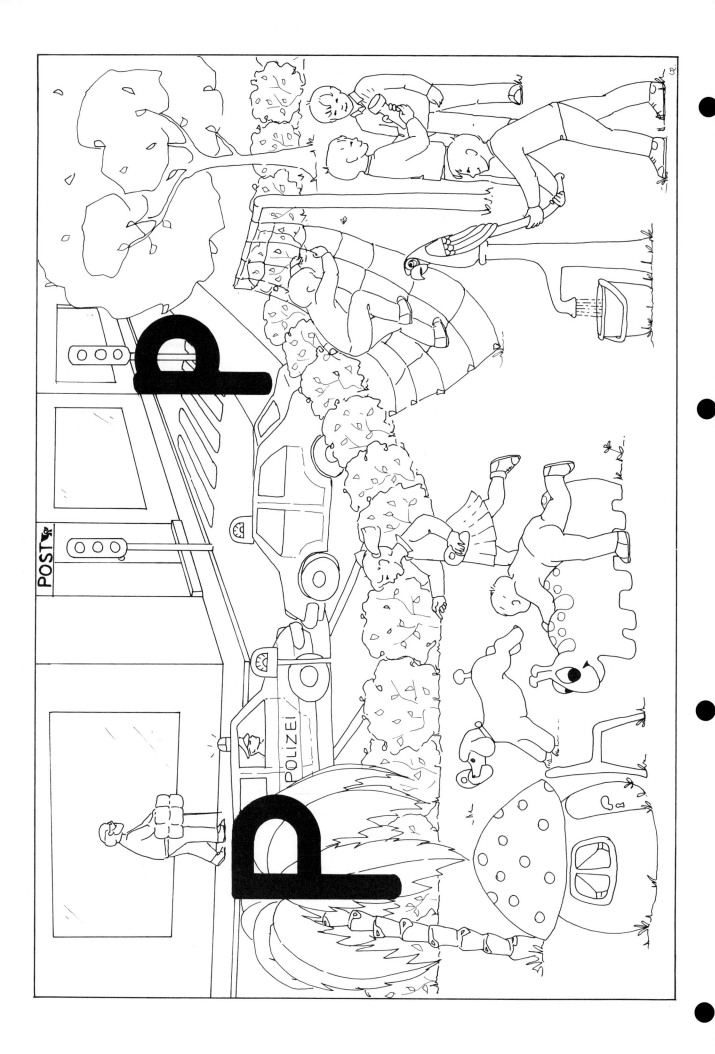

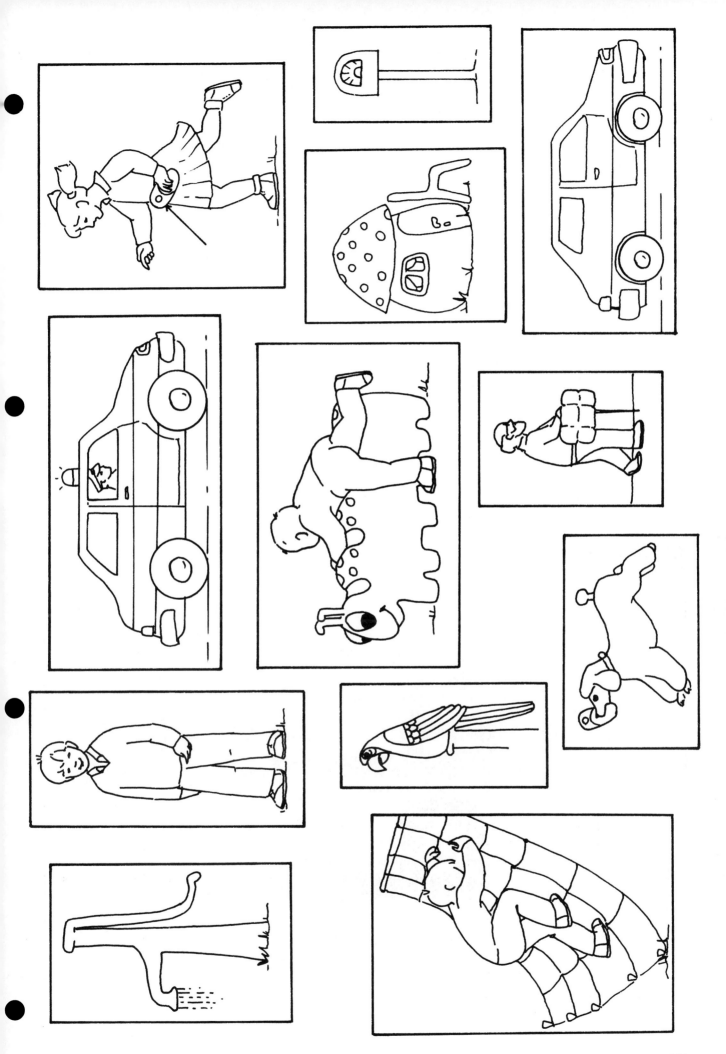

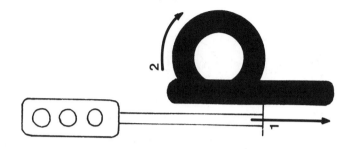

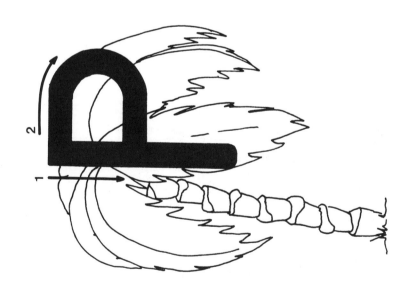

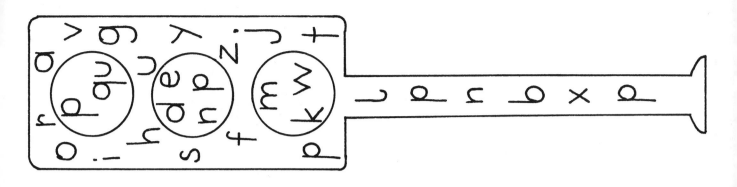

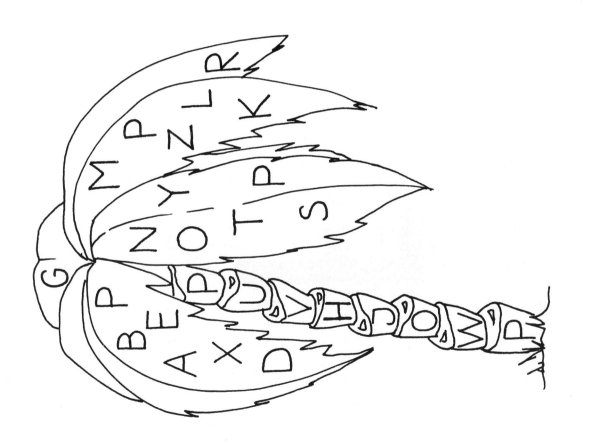

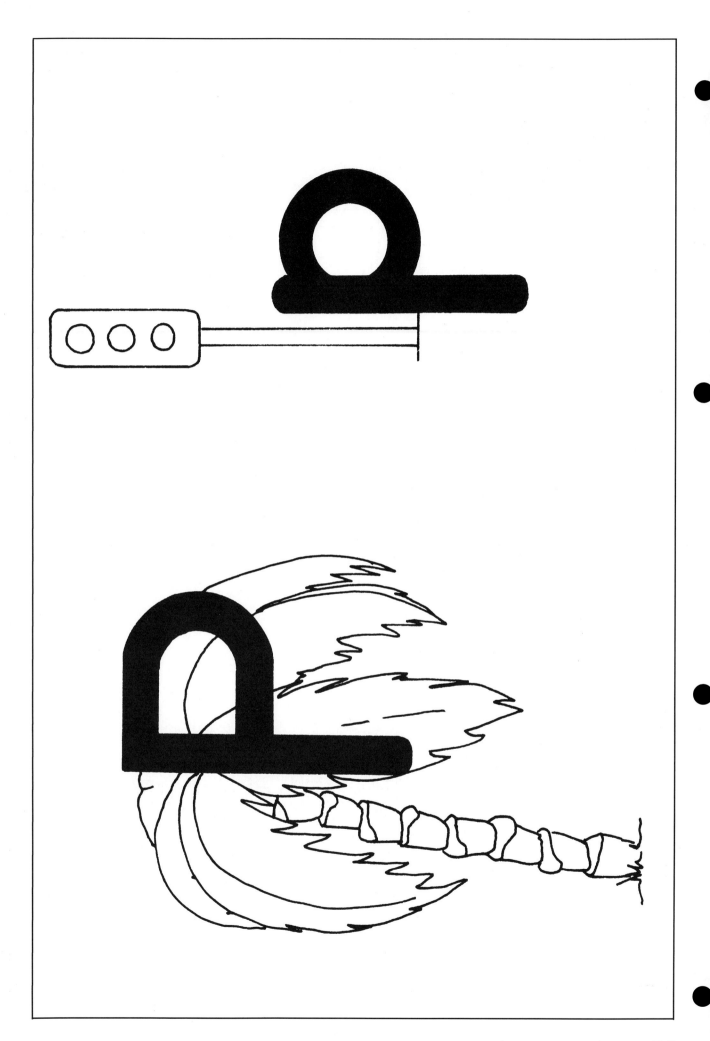

„Mein **P**antoffel, mein **P**antoffel", ruft **P**etra, „gib ihn sofort her, du dummer **P**udel! Gleich **p**ack ich dich, wenn ich dich erwische!" Sie rennt im **P**ark hinter dem **P**udel her; der verschwindet gleich unter der **P**alme. **P**eter lacht nur, als er das Geschrei hört. Er **p**um**p**t mit der **P**umpe Wasser in den Eimer. Immer, wenn Wasser kommt, schreit der automatische **P**a**p**agei: „**P**rima, **p**rima!"

Klein-Leo**p**old klettert auf der Rau**p**e herum. Nachher will er sich unter das **P**ilzhäuschen setzen und auf O**p**a warten, der gerade sein **P**aket zur **P**ost bringt. Eben fährt ein **P**olizeiauto am **P**ark**p**latz entlang. Ob die Autos alle richtig **p**arken und die **P**arkuhren auch nicht abgelaufen sind? Die Am**p**el ist heute ka**p**utt. Vielleicht re**p**arieren die **P**olizisten sie gleich.

Paul **p**robiert seine neue Taschenlam**p**e aus. **P**atrick meint dazu: „Wenn es dunkel ist, sieht man das Licht ganz **p**rima!"

Wortliste: P – p

Post Paket Parkplatz Parkuhren Polizei Pantoffel Pudel Pumpe Papagei Palme Pilz Opa Ampel Pumpe Raupe Taschenlampe

A

Der Pudel hat einen Pantoffel im Maul.

Auf der Pumpe ist ein Papagei.

Aus der Pumpe kommt Wasser.

Die Polizei fährt vorbei.

Ein Kind klettert auf die Raupe.

Ein Kind klettert auf den Pilz.

Der Pudel hat ein Paket.

Der Papagei ist auf der Palme.

Aus der Pumpe kommt Wein.

Die Raupe sitzt auf dem Auto.

B

Ein Junge pumpt Wasser.

Auf dem Parkplatz parkt ein Auto.

Aus der Pumpe fließt Wasser in den Eimer.

Ein Junge leuchtet mit der Taschenlampe.

Das wütende Kind ruft nach dem Pudel.

Der Pudel hat einen Papagei im Maul.

Auf dem Parkplatz parken zwei Räder.

Aus der Pumpe fließt in den Eimer Saft.

Ein Mann holt ein Paket von der Post.

Der Pudel vergräbt den Pantoffel.

Heute quiekt die dicke Liese,
Bauer Ottos bestes Schwein:
„Heute will ich auf die Wiese,
nicht im Stallqualm ewig sein."

Durch die Türe quält und quetscht sie
ihren dicken, fetten Bauch.
Quietschend nun auf Reisen geht sie,
quicklebendig ist sie auch.

Frösche will sie quaken hören
und in Quellen baden fein.
Und kein Quatschkopf darf sie stören,
quasseln kann sie auch allein.

Doch wo sind sie nur, die Quellen,
da das Wasser quirlt und quillt?
Ach, sie findet keine Stelle,
wo sie ihren Durste stillt.

Quäkend schreit sie nach dem Bauern,
der sie blitzeschnell fängt ein.
Und jetzt quiekt sie ohne trauern
quietschvergnügt und froh daheim.

Qu 1

Bei dem Buchstaben Qu wurde wegen der begrenzten Wortzahl ein Gedicht eingesetzt. Da dieser Buchstabe erst am Ende des 1. Schuljahres besprochen wird, kann ohne weiteres auf ein Bild verzichtet werden. Das Gedicht ist so angelegt, dass schon allein beim Anhören deutlich wird, welcher Buchstabe gemeint ist. Das gemeinsame Sprechen und Auswendiglernen festigt die akustische Wahrnehmung, sodass die Schüler den Laut sich sehr schnell merken können.

Qu 2

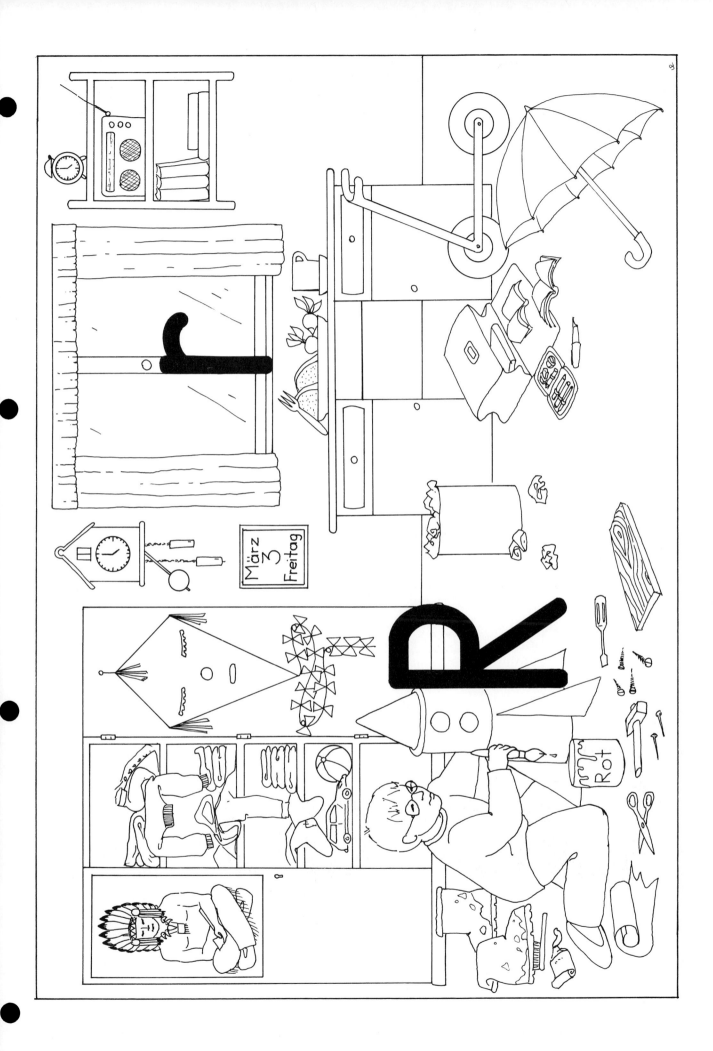

März
3
Freitag

Rot

R 1

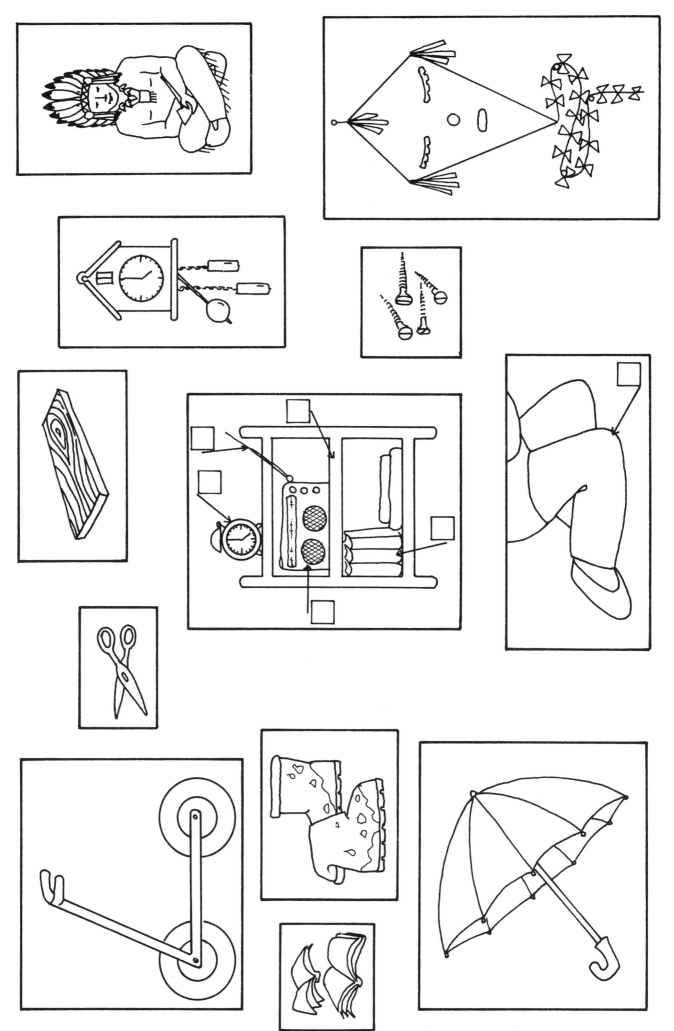

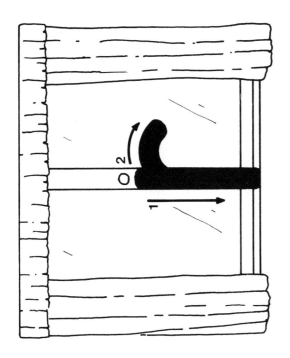

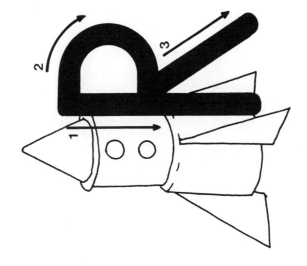

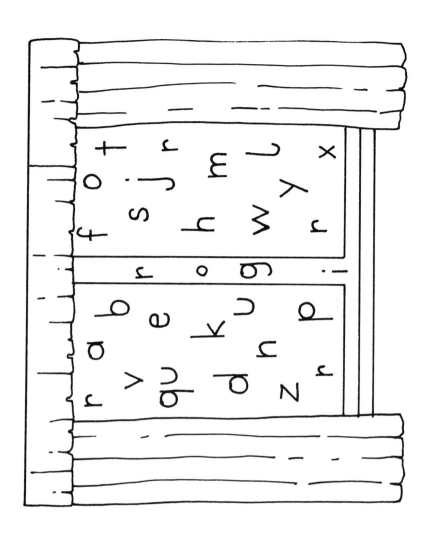

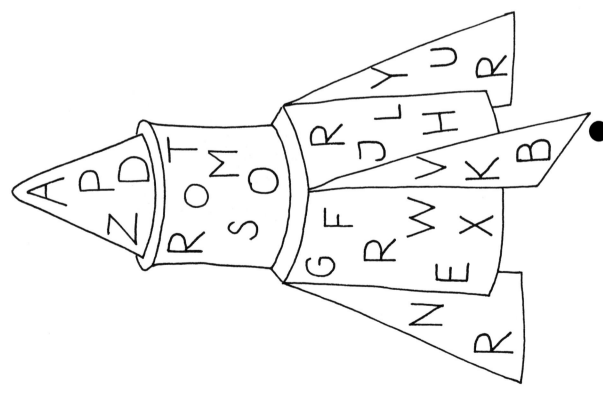

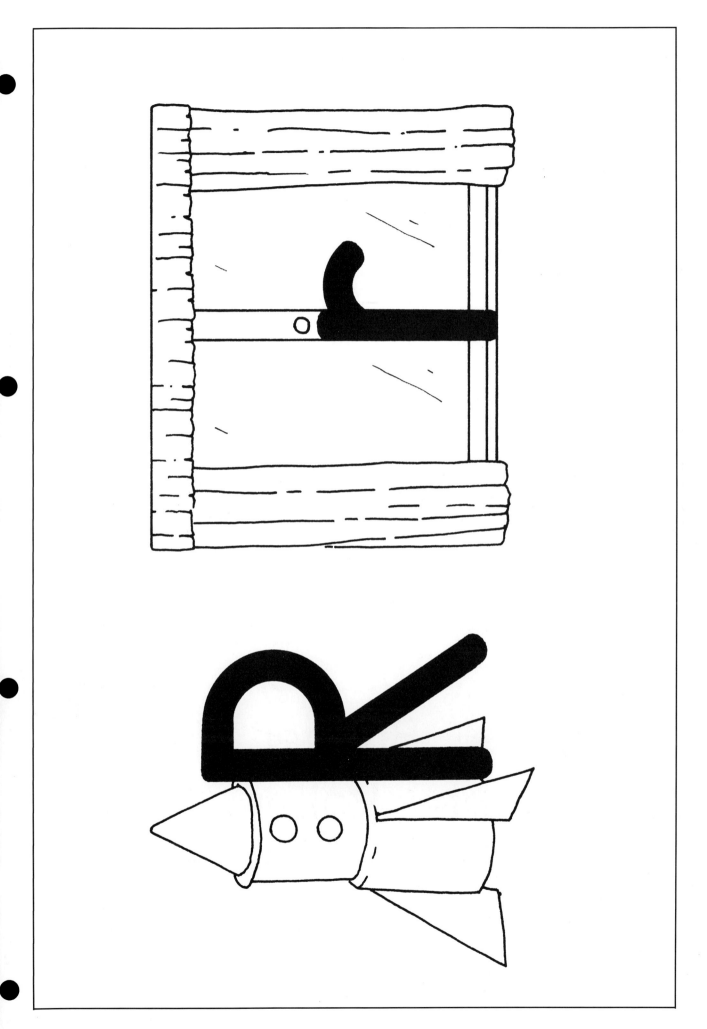

Rudi, der Raketenbauer

Rudi ist ein begeisterter Bastler. Heute baut er sich eine Rakete. Aus Brettern sägt er sich die Teile zu. Dann setzt er sie zusammen und dreht mit dem Schraubenzieher die Schrauben ein. Was übersteht, klopft er mit dem Hammer fest. Zur Verzierung schneidet er mit der Schere aus Buntpapier Streifen aus und klebt sie auf. Zum Schluss pinselt er mit roter Farbe die freien Stellen ein. In seinen Träumen rauscht er bereits mit seiner Rakete durch den Weltraum. Aber er kann nicht zu lange träumen, denn Mutter schimpft ihn, weil er so unordentlich ist. Sein Schrank steht offen und der Pullover und die Wäsche hängen von den Brettern herunter. Der Drache an der Tür mag die dreckigen Stiefel mit der schmutzigen Bürste und der Schuhcreme gar nicht ansehen. Darum macht er die Augen zu. Neben dem Mülleimer liegen Papierreste. Der Schulranzen ist umgekippt. Bücher, Hefte, Füller, Radiergummi und das schöne Federmäppchen liegen durcheinander auf dem Boden. Aber Rudi stört das nicht. Er ist so beschäftigt, dass er sogar sein Brot und die Radieschen vergessen hat. Er denkt: ,Wenn ich groß bin, werde ich Weltraumfahrer.'

Wortliste: R – r

Regal   Radio   Radieschen

Roller   Ranzen   Rakete

Radiergummi   Schreibtisch

Schrank   Drachen   Becher

Jndianer   Pullover   Fenster

Strümpfe   Bücher   Teller

Papierkorb   Roller

Füller   Schirm   Brett   Uhr

Farbe   Schraube   Schere

Hammer   Brille   Bürste

A

Rudi malt die Rakete rot an.

Der Wecker ist auf dem Regal.

Der Schirm ist aufgespannt.

Der Schrank ist offen.

Die Bürste liegt auf dem Boden.

Rudi malt die Rakete rosa an.

Der Wecker ist neben dem Radio.

Der Schirm ist aufgeräumt.

Der Schrank ist ordentlich.

Der Pulli liegt auf dem Bett.

B

Rudi pinselt die Rakete mit roter Farbe an.

Das Radio steht im Regal.

Der Roller parkt neben dem Schreibtisch.

Auf dem Schreibtisch wartet ein Teller mit Brot und Radieschen.

Aus dem Ranzen sind Hefte und das Mäppchen herausgefallen.

Das Radio steht neben dem Regal.

Der Roller lehnt am Schrank.

Rudi streicht die Rakete rosa an.

Der Papierkorb ist umgefallen.

Der Schirm ist zugeklappt.

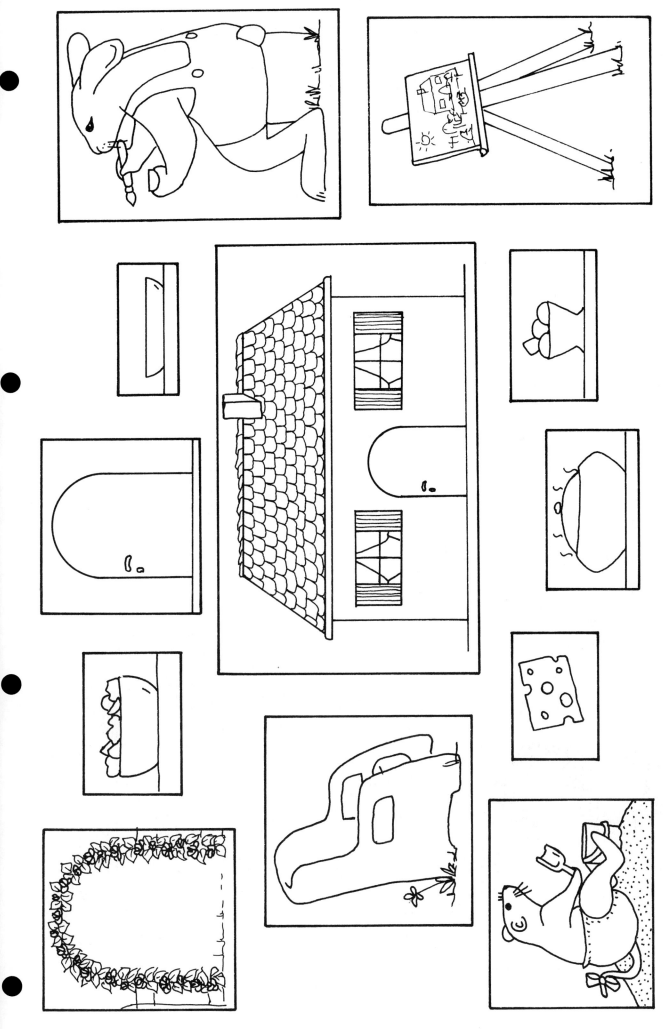

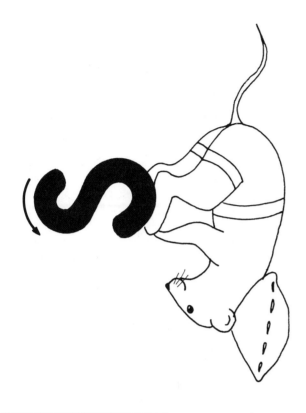

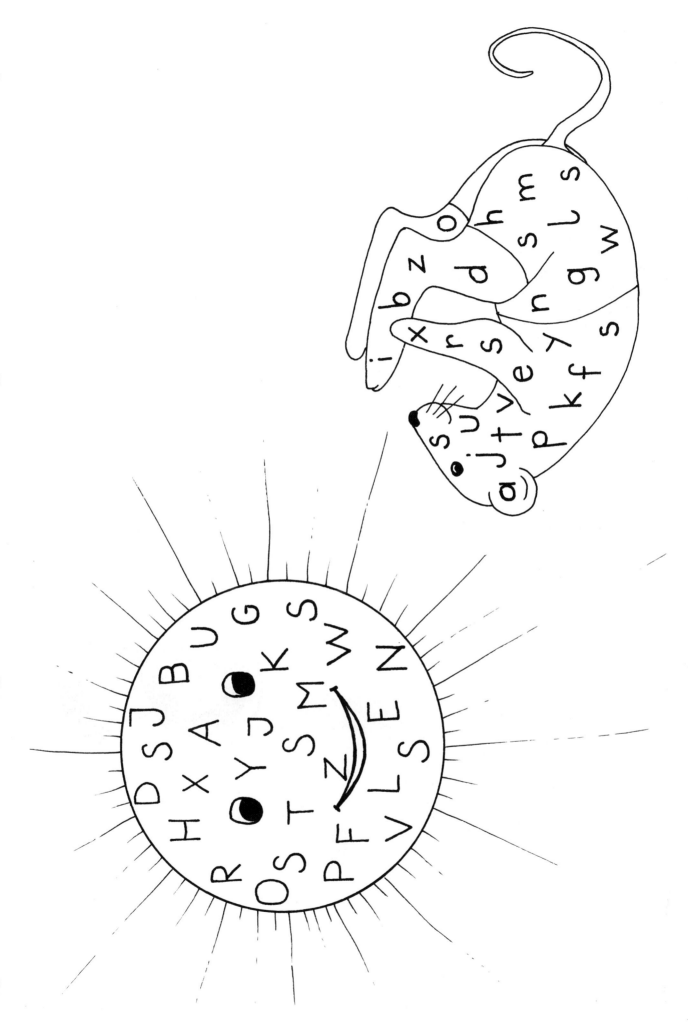

Heute, am **S**onntag, **s**itzt die Familie Mau**s** beim Mittage**ss**en vor ihrem gemütlichen Häu**s**chen im Garten. Mutter Mau**s** hat auf dem **S**ofa Platz genommen und löffelt gerade die **S**uppe au**s**. Vater Mau**s** im **S**e**ss**el nagt am Kä**s**e. Der **S**alat wird bald folgen. Al**s** Nach**s**peise gibt e**s** Ei**s**. **S**u**s**i, das Mäu**s**ekind, spielt allein im **S**andka**s**ten.

Der Ha**s**e **S**eba**s**tian ruft: „Hallo, Familie Mau**s**, ich habe Farbe, Pin**s**el und Papier mitgebracht. Ich möchte euch alle malen." Und schon **s**itzt der Ha**s**e im Gra**s** und pin**s**elt die Familie Mau**s** auf**s** Papier.

Wortliste: S – s

Sonne   Sand   Sofa

Sessel   Salat   Suppe   Saft

Rosen   Haus   Maus   Käse

Hose   Eis   Messer   Hase

Pinsel   Gras   Kissen

Sessel   Wasser

A

Die Sonne scheint.

Die Maus ist im Sandkasten.

Der Salat ist auf dem Tisch.

Eine Maus liegt im Gras.

Der Hase malt ein Bild.

Die Maus frisst einen Apfel.

Auf dem Sofa sitzt ein Maulwurf.

Der Hase malt einen Fisch.

Die Maus schaut aus dem Haus.

Die Maus fährt auf dem Roller.

B

Die Mäuse lassen es sich gut
schmecken.

Eine Maus nagt am Käse.

Die Suppe dampft in der
Schüssel.

Der Salat ist angerichtet.

Ein Mäuschen spielt im
Sandkasten.

Der Hase malt einen Löwen.

Die Sonne versteckt sich hinter
der Wolke.

Der Eisbecher ist umgefallen.

Eine Katze schleicht sich an.

Unter der Tischdecke schaut
eine Maus hervor.

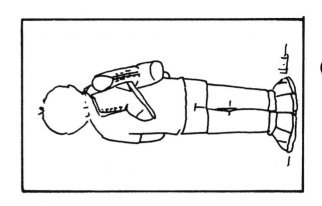

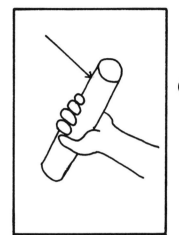

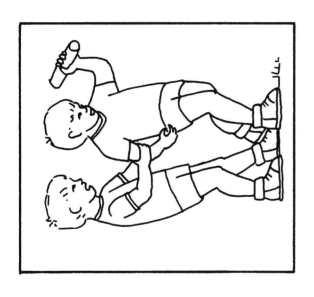

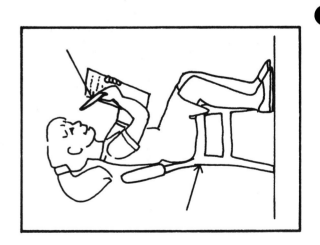

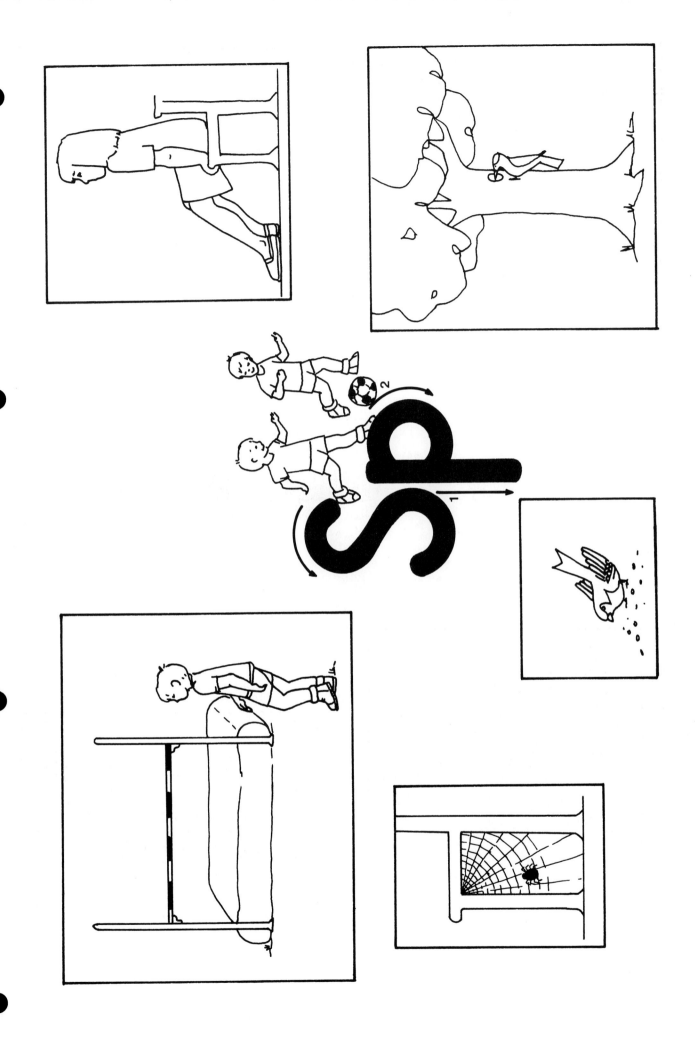

Großes **Sp**ortfest im **St**adion

Die Kinder vom **Sp**ortverein freuen sich, denn heute i**st Sp**ortfest. Da gibt es allerhand **Sp**iele. Am **St**art der Rennbahn **st**ehen **St**efan und Peter. Das **St**artzeichen gibt der Lehrer, dann **sp**urten beide los. Auf dem **Sp**ielfeld **sp**ielt eine Gruppe Fußball. Thomas überlegt noch, wo er mitmachen soll. Seine **Sp**ort**st**iefel braucht er nur noch anzuziehen. An einer anderen **St**elle gibt es **St**reit. Die beiden Buben sind sich nicht einig, wer im **St**affellauf zuer**st** rennen darf. Tim **st**eht gerade beim Hoch**sp**rung; gleich **sp**ringt er. Neben der Bahn sitzt Evi auf dem **St**uhl. Sie trägt mit einem **St**ift das Ergebnis auf ein Blatt ein. Auf der Rennbahn pickt ein **Sp**atz die Brotkrümel vom Pausebrot auf. Der **Sp**echt sucht nach Würmern im Baum**st**amm. Der **St**orch fühlt sich recht ge**st**ört. Er ist froh, wenn es wieder **st**ill wird. Die **Sp**inne **sp**innt ihr Netz an der **St**adiontreppe. Bald hat sie eine **St**ufe einge**sp**onnen.

Wortliste: St – Sp

Stadion Start Stuhl

Stift Stiefel Staffellauf

Streit Specht Spatz

Spinne Hochsprung

Spieler Sportfest

St/Sp 4

A

Der Storch ist in seinem Nest.
Der Spatz holt sich die Krümel.
Der Specht holt sich die Käfer aus der Rinde.
Zwei Kinder sind am Start.
Die Spinne spinnt ihr Netz.
Die Kinder spielen Federball.
Der Spatz will die Spinne fressen.
Ein Junge liegt im Gras.
Der Fußball ist im Tor.
Der Storch fliegt gerade weg.

Misstrauisch schaut der der Storch aus seinem Nest.
Der Spatz pickt die Brotkrümel auf.
Zwei Kinder nehmen am Wettlauf teil.
Ein paar Jungen spielen spielen Fußball.
Zwei Buben streiten sich.
Der Storch füttert seine Jungen mit einer Spinne.
Der Junge zieht die Stiefel an.
Auf der Siegertreppe stehen zwei Kinder.
Der Fußball fliegt über das Spielfeld.
Ein paar Kinder füttern die Spinne.

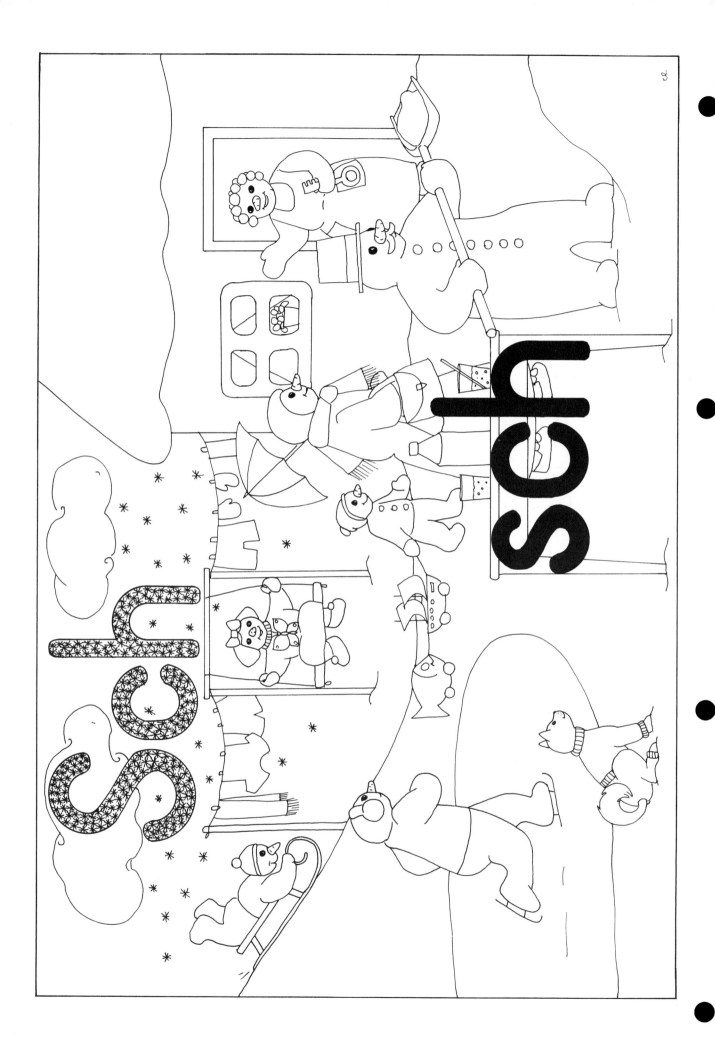

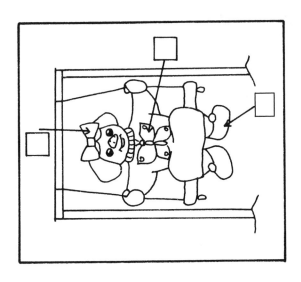
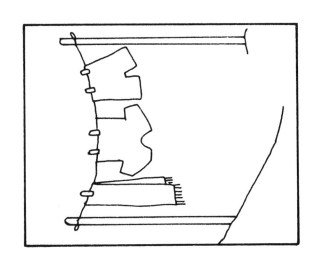
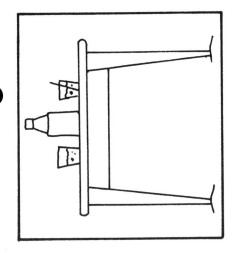
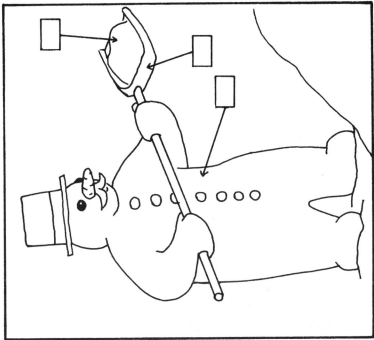
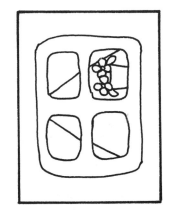
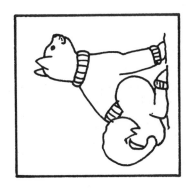

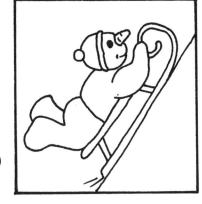
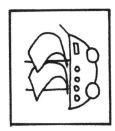
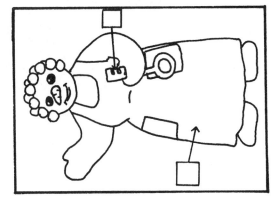

Sch 2

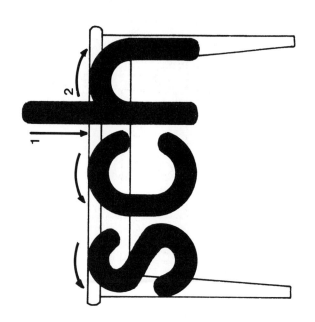

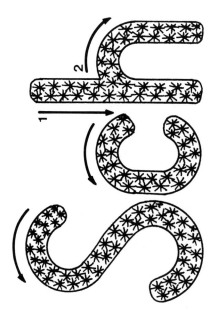

172

Sch 3

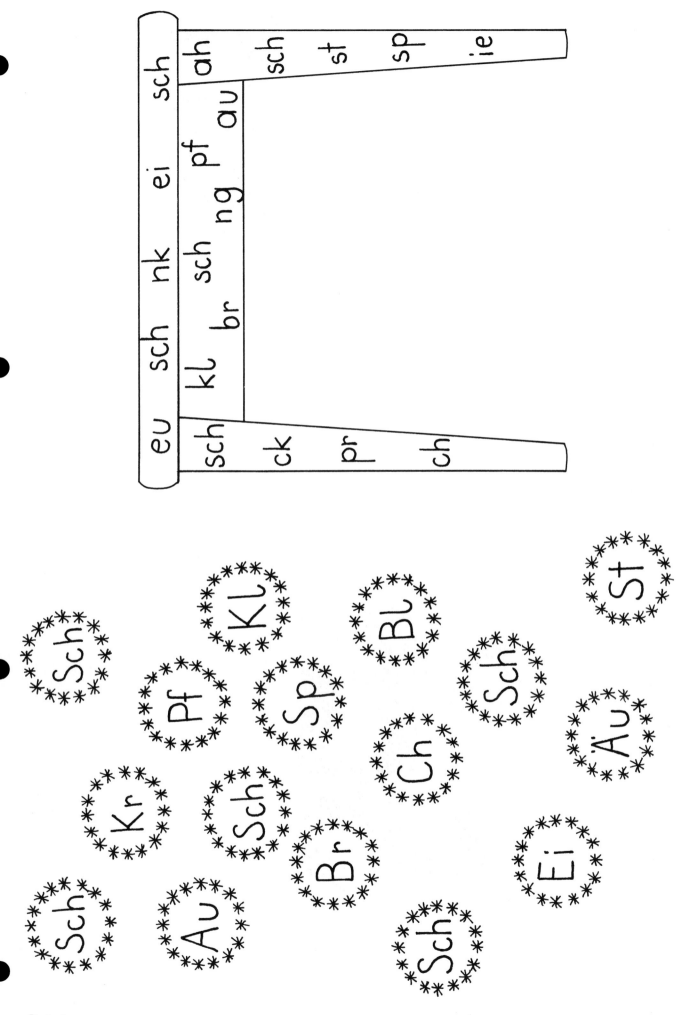

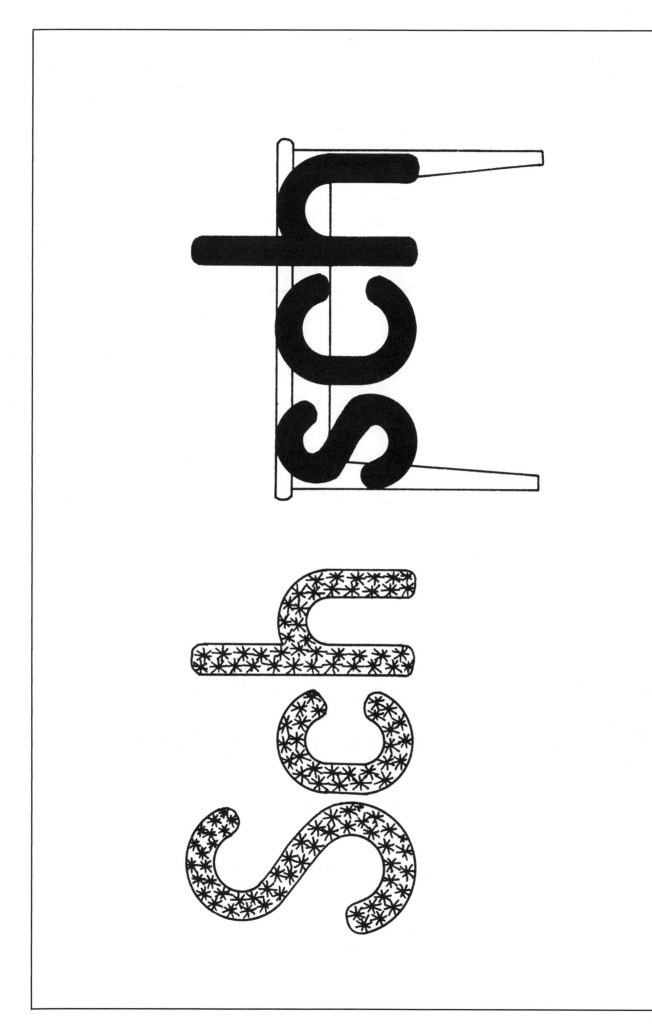

Bei Familie **Sch**neemann ist heute was los, denn in der letzten Nacht hat es tüchtig ge**sch**neit. Frau **Sch**neemann bindet sich **sch**nell die **Sch**ürze um und **sch**ließt mit dem **Sch**lüssel die Haustüre auf. Dann hängt sie Wä**sch**e auf. **Sch**on holt Herr **Sch**neemann eine **Sch**aufel um **Sch**nee zu **sch**ippen. Mit dem Saft auf dem Ti**sch** kann er dann den Durst lö**sch**en. Die **Sch**neemannskinder sind natürlich auch **sch**on draußen. Susi mit ihrem **Sch**metterlingspullover und der **Sch**leife im Haar **sch**aukelt vergnügt vor sich hin. Sa**sch**a saust mit dem **Sch**litten den Hang hinunter. Achim hat sich die **Sch**litt**sch**uhe ange**sch**nallt und trainiert. Heute fährt er sehr **sch**nell. Klein-U**sch**i zieht ihr **Sch**iff durch den **Sch**nee. Hinten hat sie einen Fi**sch** angebunden. Tante **Sch**neemann kommt heute zu Besuch. Sie sieht mit dem langen **Sch**al, dem bunten **Sch**irm, der neuen Ta**sch**e und den tollen **Sch**uhen richtig **sch**ick aus. Am Himmel hängen dicke, **sch**warze **Sch**neewolken. Das ist das **sch**önste Wetter für **Sch**neemanns.

Wortliste: Sch – sch

Schnee   Schlitten

Schaukel   Schleife

Schmetterling

Schlittschuhe   Schiff

Schal   Schneemann

Schuhe   Schirm   Schlüssel

Schürze   Schaufel

Wäsche   Fisch   Tasche

Tisch   Flasche

A

Der Schneemann hat eine Schaufel.

Das kleine Kind zieht ein Schiff.

Das Mädchen sitzt auf der Schaukel.

Der Junge fährt mit dem Schlitten.

Die Mutter hat eine Schürze um.

Das Kind baut einen Schneemann.

Der Hund zieht den Schlitten.

Die Wäscheleine ist leer.

Die Kinder spielen mit dem Ball.

Auf dem Tisch liegt ein Buch.

B

Der Schneemann schaufelt den Schnee weg.

Ein Junge fährt Schlittschuh.

Der Hund trägt einen Pulli.

Der Fisch hängt an der Schnur.

Die Hausfrau hält den Schlüssel in der Hand.

Im Schnee blühen Rosen.

Der Fisch schwimmt im Eis.

Auf dem Dach sitzen Schmetterlinge.

Der Hund trägt eine Schleife.

Die Flasche ist umgekippt.

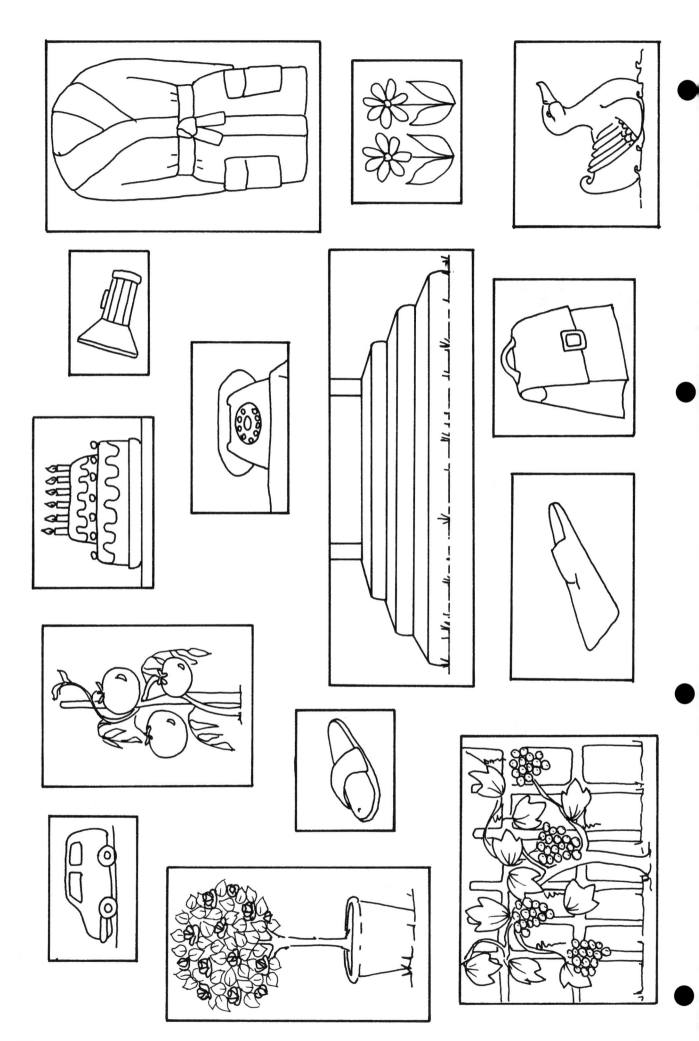

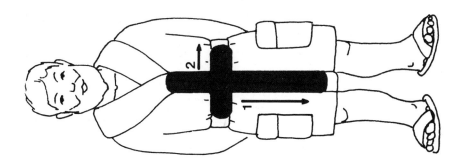

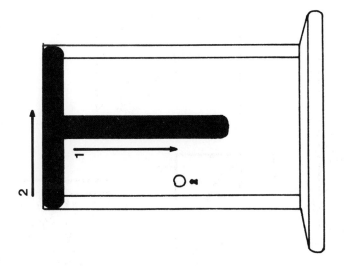

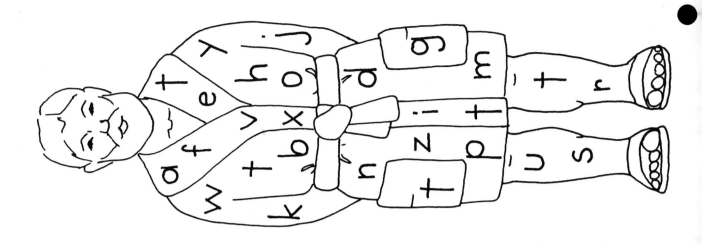

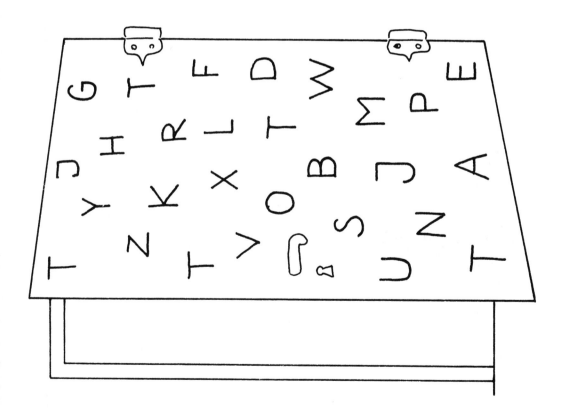

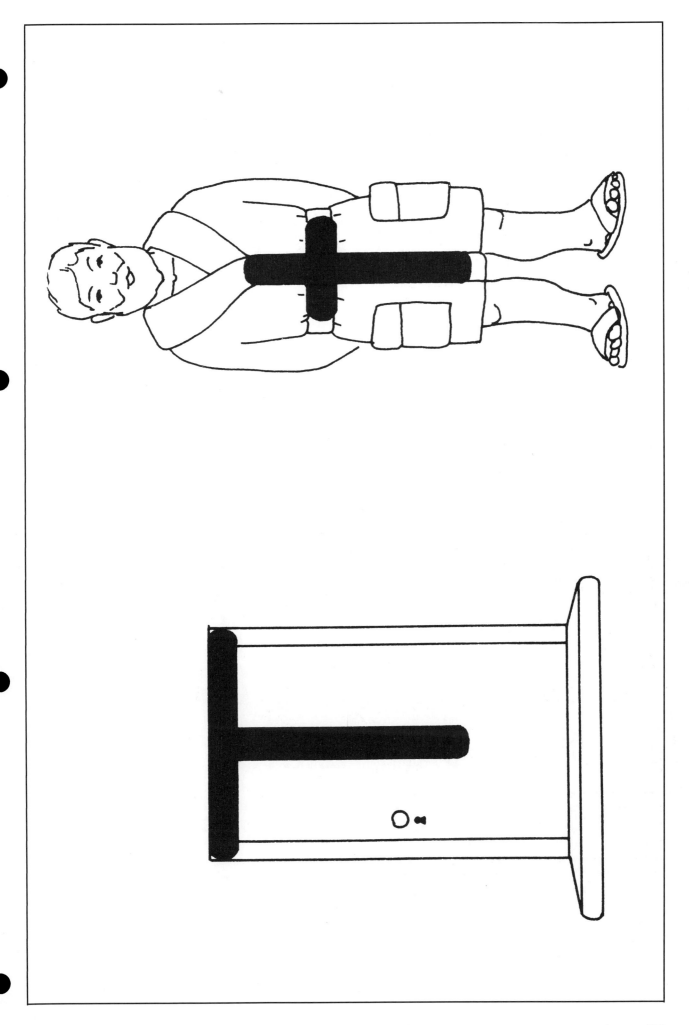

Tim hat Geburtstag. Vater hat den Geburtstagstisch im Garten aufgebaut. Was es da nur alles gibt! Ein Telefon, ein Auto, eine Tasche, einen Elefanten, eine Torte, eine Taschenlampe und einen Turm aus Holzteilen. Aber das Schönste für Tim ist die Taucherausrüstung. Schnell legt er die Taucherbrille, den Schnorchel und die Schwimmflossen an. Dann geht es zum Teich. „Holla, Enten, ich komme!", ruft er laut. (Vater stellt sich zur Sicherheit ans Ufer.) „Tauch aber nicht zu lange!", meint er, „Mutter steht schon hinter der Tür. Gleich wird der Tisch gedeckt, dann gibt es Torte." Aber Tim ist alles gleichgültig. Er sieht keinen Geburtstagstisch, keinen Garten, keine Tannen, keine Trauben, keine Tomaten, keine Blumen und keinen Salat. Er will nur noch tauchen, tauchen, tauchen.

Wortliste: T – t

Tannen Trauben Tisch

Tassen Teller Tür

Treppe Telefon Turm

Tasche Torte

Taschenlampe Tomaten

Taucher Taucherbrille

Teich Auto Elefant

Salat Vater Mantel Bart

Ente Blumentopf Garten

Geburtstag

A

Tim will tauchen.

Vater hat einen Bart.

Auf der Torte brennen Kerzen.

Jm Garten sind Blumen.

Die Ente taucht im See.

Die Ente legt ein Ei.

Der Vater holt Tomaten.

Tim taucht in der Tonne.

Jn den Tassen ist Tinte.

Auf dem Tisch ist ein Kaktus.

B

Der Elefant trägt eine Schleife.

Vater begleitet Tim.

An der Hauswand ranken Trauben.

Tim geht mit Schnorchel und Schwimmflossen zum Teich.

Jm Garten wachsen Blumen.

Der Elefant steckt den Rüssel in die Torte.

Das Auto flitzt durch den Garten.

Auf den Tannen reifen die Trauben.

Die Ente taucht nach Tim.

Auf der Treppe lauert ein Tiger.

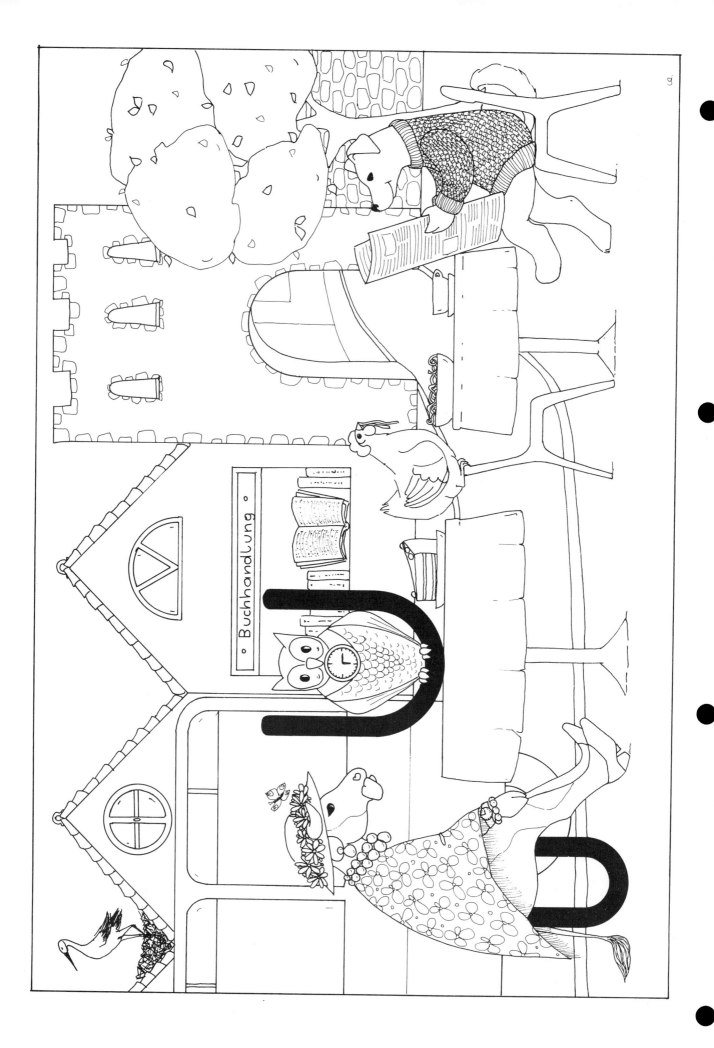

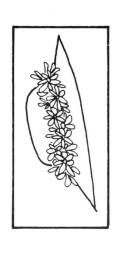
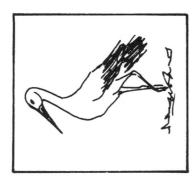
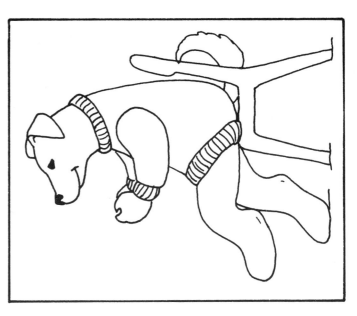
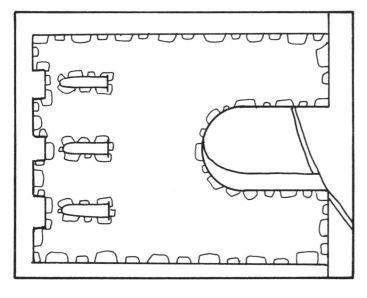
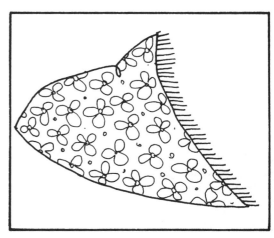
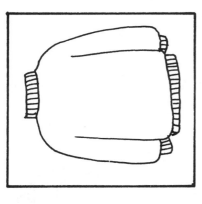
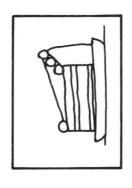

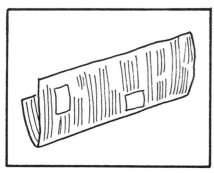

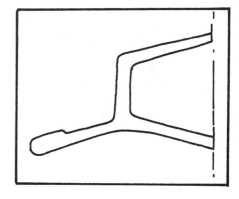

U 2

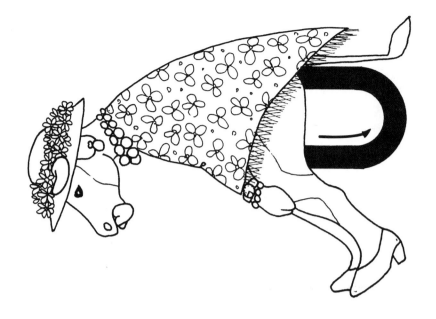

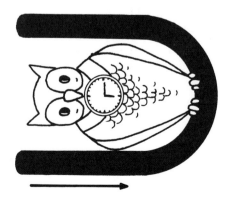

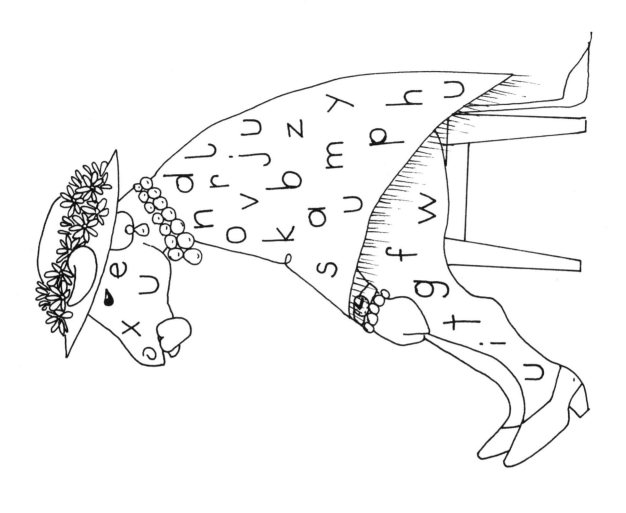

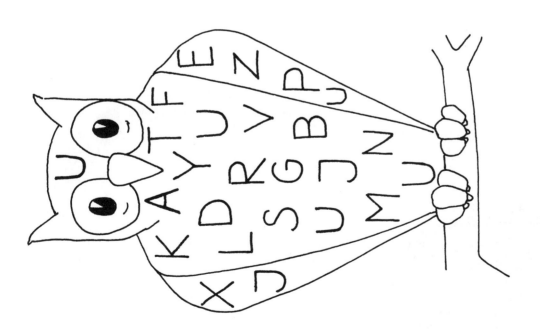

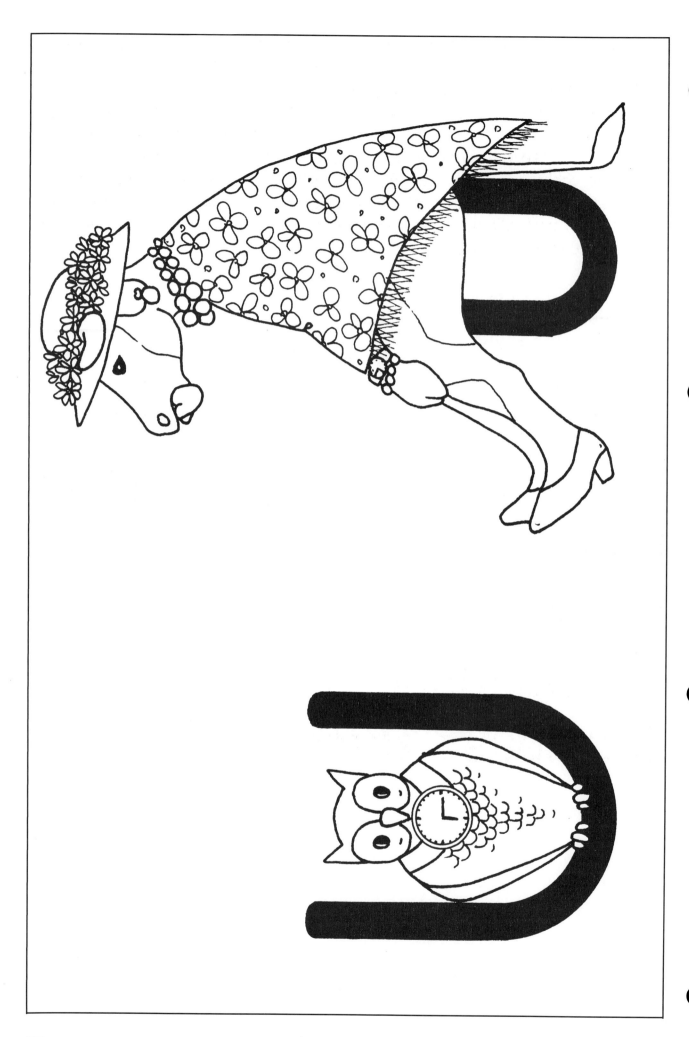

Das Cafe am Turm hat heute viele Gäste. **Uhu** Kunibert hat sich einen Nuss-kuchen bestellt. Damit er die Zeit nicht vergisst, trägt er eine **Uhr um** den Hals. Pluto, dem Hund, ist es etwas kalt, denn er hat einen Pullover an. Bei einer Tasse Tee liest er die neueste Zeitung. Das Huhn Putput steht auf einem Stuhl und futtert Nudeln. Eben kommt die Kuh Hulda mit dem Omnibus. Wie sieht denn die aus! Sie hat sich für den Ausflug in die Stadt herausgeputzt. Der Blumenhut steht ihr wirklich gut. Aber leider hängt ihr die Zunge vor Hitze aus dem Mund. Ein buntes Blumentuch liegt auf ihren Schultern. Außerdem trägt sie viel Schmuck. Mit den Schuhen kommt sie noch nicht zurecht. Vielleicht kann sie damit im Stall besser laufen.

Wortliste: U – u

Uhu   Uhr   Turm

Kuchen   Hund   Zeitung

Pulli   Nudeln   Huhn   Stuhl

Kuh   Hut   Blume

Schmuck   Schulter   Tuch

Armbanduhr   Schuhe

Omnibus   Buch

B

Die Kuh hat ein Tuch um.

Das Huhn frisst Nudeln.

Der Hund hat einen Pulli an.

Der Turm hat ein Tor.

Der Uhu mag Kuchen gerne.

Der Hund frisst Kuchen.

Der Kuh steht der Pulli gut.

Der Hund hat einen Ohrring im Ohr.

Der Uhu liest Zeitung.

Die Kuh schaut aus dem Omnibus.

Der Kuchen schmeckt dem Uhu.

Der Hund blättert in der Zeitung.

Das Huhn lässt sich die Nudeln schmecken.

Der Hut ist mit Blumen geschmückt.

Jm Schaufenster liegen Bücher.

Der Hund trägt eine Uhr um den Hals.

Dem Uhu hängen viele Ketten um den Hals.

Das Huhn trinkt Kaffee.

Die Kuh steigt in den Omnibus.

Der Storch füttert im Nest seine Jungen.

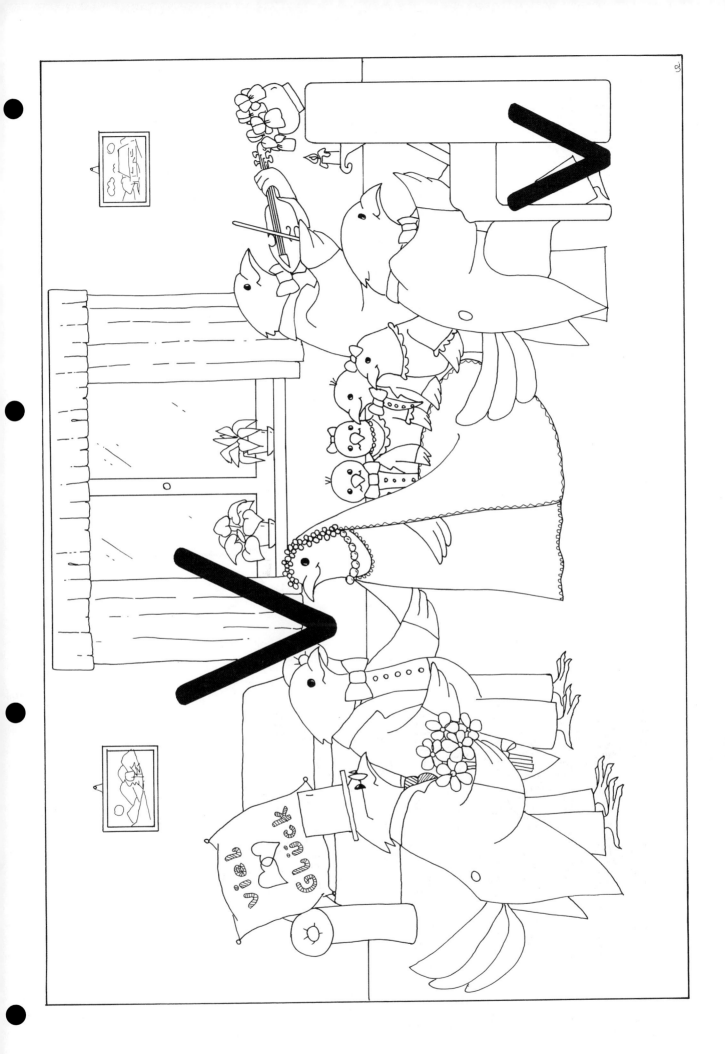

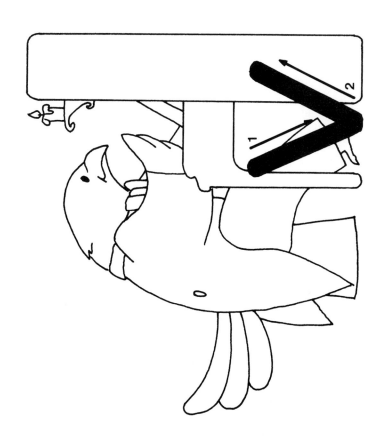

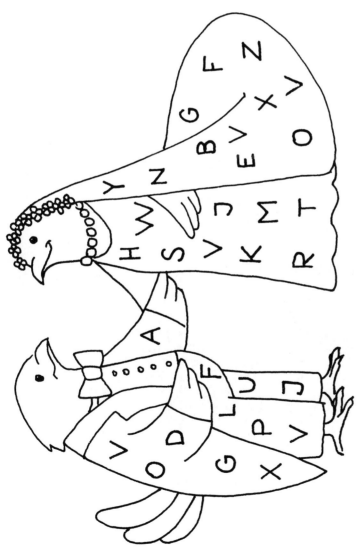

Gleich beginnt die **V**ogelhochzeit. **V**iola und **V**iktor heiraten heute. Der **V**ogel-
vater bringt eben den Brautstrauß. Die **v**ier **V**ogelkinder halten den Schleier.
Volker spielt **V**ioline und **V**alentin haut so fest auf die Tasten des Klaviers, dass
der **V**eilchenstrauß beinahe umkippt. **V**on der **V**ogelmutter hat das Brautpaar
ein Kissen bekommen, auf das sie „**V**iel Glück" gestickt hat. Und das wünschen
wir den beiden auch.

Wortliste: V – v

Vogel   Vogelhochzeit
Vater   Vorhang   Violine
Veilchen   Klavier   vier   viel

A

Ein Vogel hat einen Blumenstrauß.

Die Vase steht auf dem Klavier.

Ein Vogel spielt Geige.

Ein Vogel spielt Klavier.

Vier kleine Vögel tragen den Schleier.

Vier Mäuse tragen den Schleier.

Auf dem Sofa ist kein Kissen.

Die Braut pickt an den Blumen.

Der Brautvater schenkt ein Buch.

Am Klavier sitzt eine Katze.

B

Der Vogelvater bringt dem Hochzeitspaar den Blumenstrauß.

Ein Veilchenstrauß steht in der Vase.

Der Pianist begleitet den Geiger.

Der Schleier wird von vier Vogelkindern getragen.

Auf dem Sofa liegt ein schönes Kissen.

Der Vogelvater pfeift ein Lied.

Ein Vogel spielt auf der Flöte.

Die Braut riecht am Veilchenstrauß.

Der Bräutigam überreicht ein Bild.

Der Tisch ist schön gedeckt.

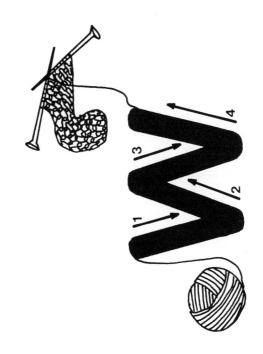

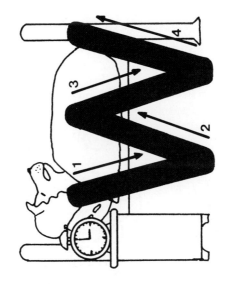

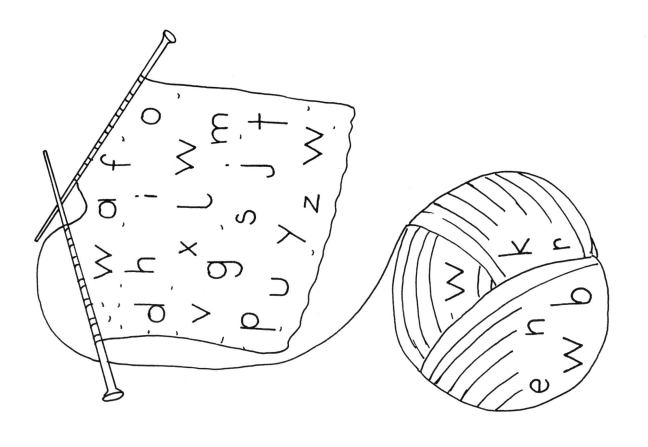

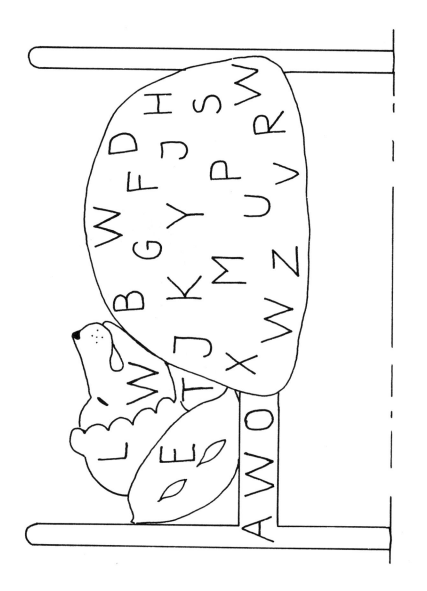

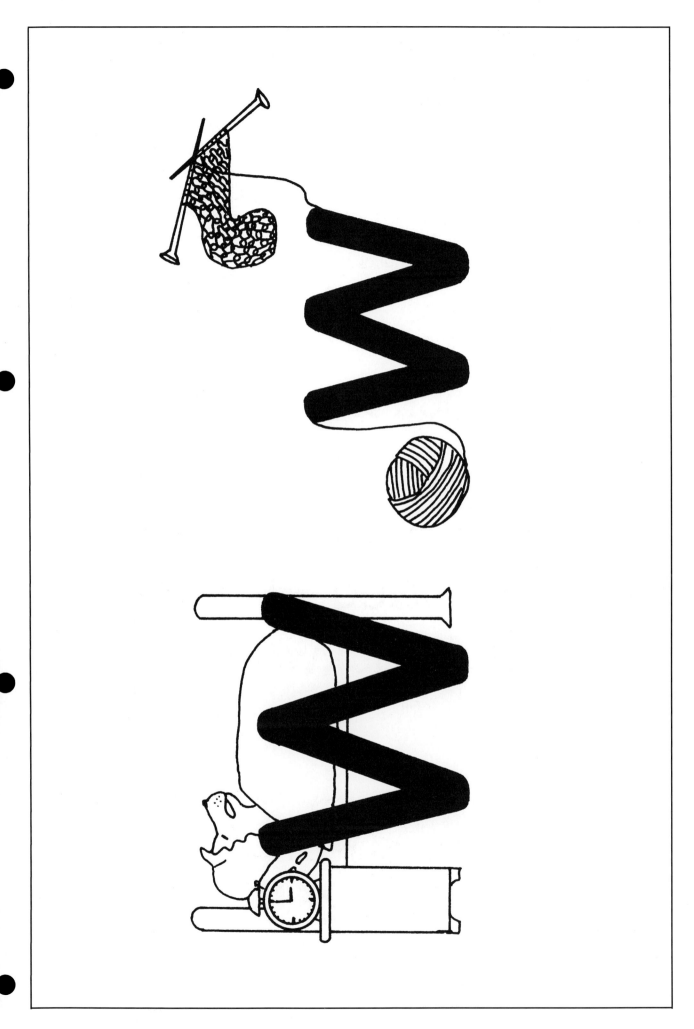

Da hat der **W**olf doch glatt das Rotkäppchen und die Großmutter gefressen. Nun schläft er tief und fest in ihrem Bett. Er hört nicht einmal den **W**ecker klingeln. Aber schon ist Rettung für die beiden unter**w**egs. Der Jäger **w**andert durch den **W**ald. Doch jetzt eilt er schnell den **W**eg entlang, denn er **w**eiß, dass gleich ein Gewitter losbrechen **w**ird. Dunkle **W**olken stehen am Himmel. Der **W**ind braust gewaltig. Gleich **w**ird der Jäger in Groß**m**utters **W**ohnzimmer sein. Aber **w**as ist das? **W**arum hängt die **W**äsche noch auf der **W**äscheleine? **W**arum rinnt das **W**asser aus der Pumpe in die **W**anne? Die Strick**w**olle ist vom Tisch ins Gras gerollt. Der kleine Leiter**w**agen steht vor der offenen Haustür, **w**o er gar nicht hingehört. ‚Da stimmt doch et**w**as nicht‘, denkt er. Sicherlich steckt der **W**olf dahinter. ‚Na **w**arte, dir **w**erde ich helfen, die Großmutter zu fressen.‘ Und **w**ie es weitergeht, **w**isst ihr alle recht gut.

Wortliste: W – w

Wolf Wecker Wind
Wolken Wäsche Wasser
Wappen Wagen Wald
Wurzeln Weg Wespe
Gewitter Strickwolle Wand

A

Der Wolf schläft im Bett.

Die Wespe frisst etwas vom Apfel.

Ein Wagen steht vor dem Haus.

Die Tür ist offen.

Die Wäsche hängt auf der Leine.

Das Wasser läuft über.

Die Tür ist zu.

Der Wagen ist im Haus.

Der Wolf ist am Tisch.

Die Sonne scheint.

B

Ein Gewitter zieht am Himmel auf.

Die Wespe nagt am Apfel.

Der Wolf schlummert tief und fest.

Der Förster wandert durch den Wald.

Das Wasser rinnt aus der Pumpe.

Der Wecker klingelt den Wolf wach.

Der Jäger liegt im Bett und träumt.

Ein Wespenschwarm fliegt um den Apfel.

Der Wolf trinkt Tee.

Die Wespe sitzt auf der Wäscheleine.

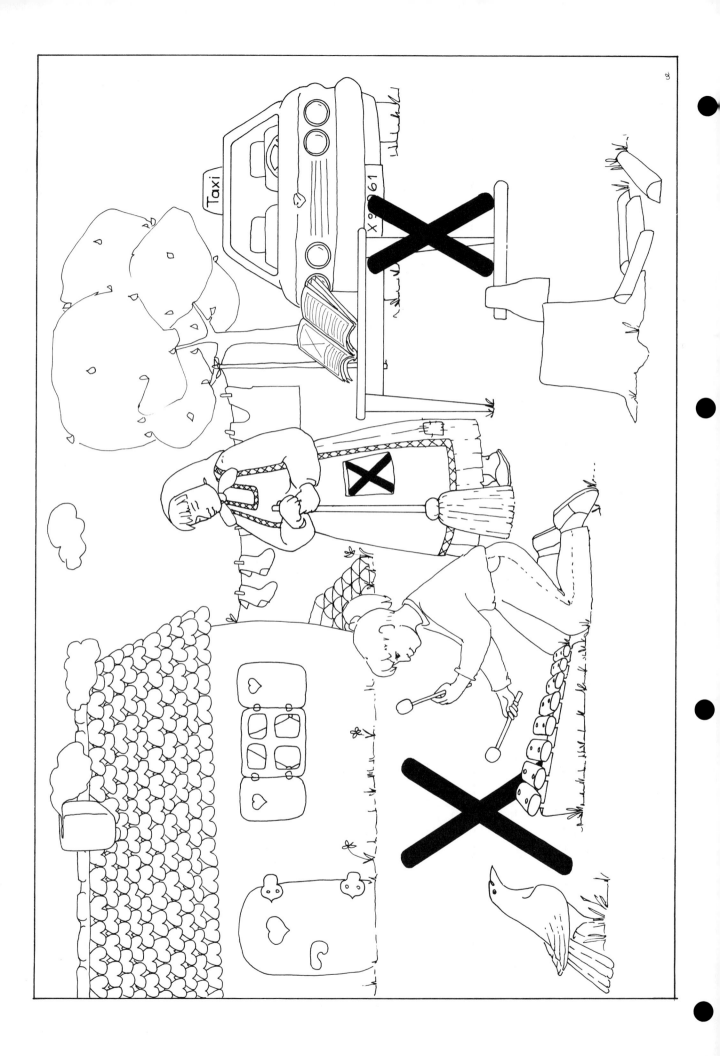

X 1

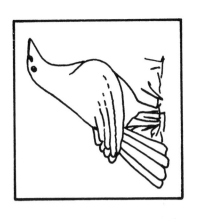

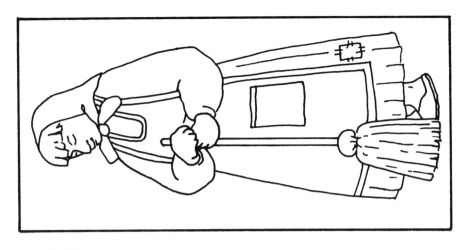

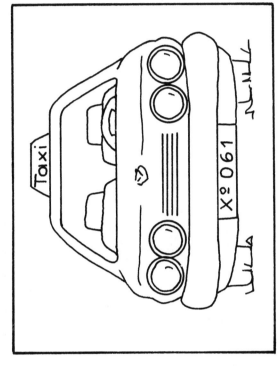

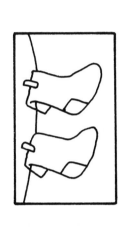

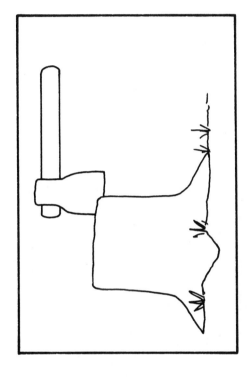

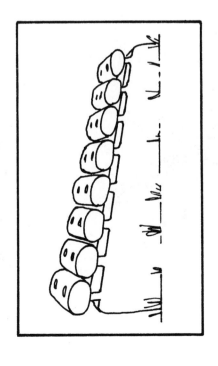

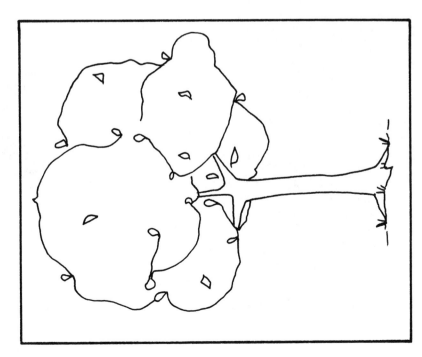

X 2

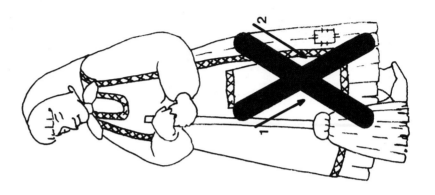

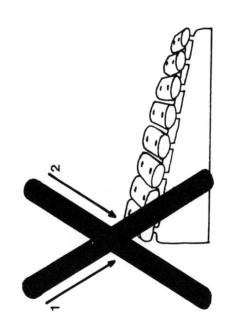

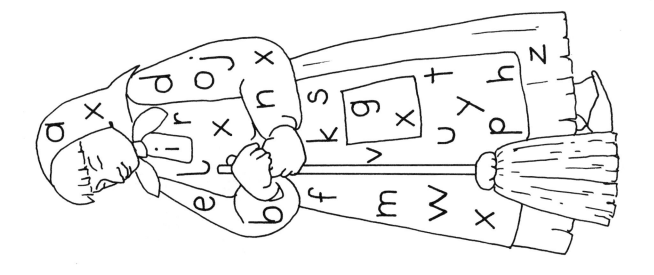

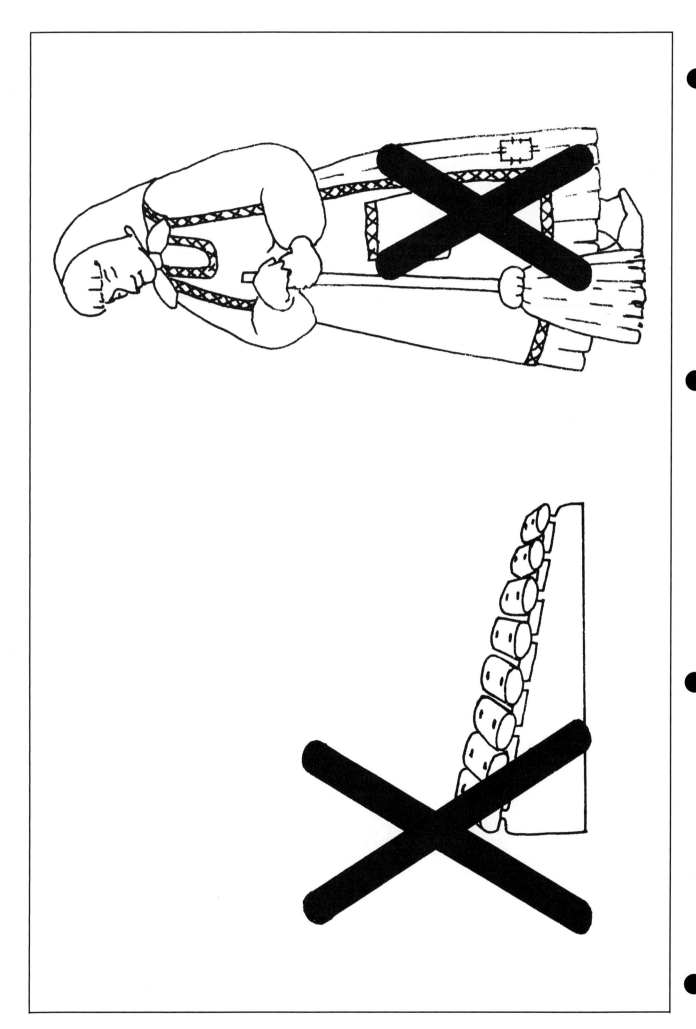

Die Hexe Xenia freut sich heute sehr. Endlich ist die kleine Alexandra mit dem Taxi zu Besuch gekommen. Sie hat auch etwas mitgebracht, nämlich ein Xylofon. Mit ihrem Spiel verhext sie den Raben Maxi ganz. Auch Xenia hat alles vergessen. Sie wollte doch mit der Axt das Holz fix und fertig hacken und dann am Hexenhäuschen aufstapeln. Anschließend wollte sie im großen Hexenbuch noch etwas üben und zuletzt das Hexenhäuschen putzen. Aber Alexandra mixt so schöne Klänge, dass Xenia extra die Augen schließt um besser hören zu können. Als Alexandra aufhört, ruft Xenia: „Wer ist hier eigentlich eine Hexe? Du hast mich mit deiner Musik verhext."

Wortliste: X – x

Xylofon   Hexe   Taxi   Axt
Hexenbuch   Hexenhaus

A

Die Hexe hört zu.

Das Hexenbuch liegt auf dem Tisch.

Die Hexe hält einen Besen in der Hand.

Das Taxi wartet auf Alexandra.

Alexandra macht Musik.

Der Rabe sitzt auf dem Taxi.

Die Hexe macht das Holz klein.

Das Hexenbuch liegt im Gras.

Die Hexe ist wütend.

Alexandra klettert auf den Baum.

B

Alexandra spielt auf dem Xylofon.

Die Musik verzaubert die Hexe.

Sogar der Rabe hört zu.

Auf dem Tisch liegt das offene Hexenbuch.

Aus dem Kamin steigt Rauch auf.

Die Hexe hält den Staubsauger in der Hand.

Der Rabe flattert aufgeregt auf das Dach.

Die Axt liegt auf dem Tisch.

Das Hexenhaus steht in einem See.

Alexandra spielt auf der Flöte.

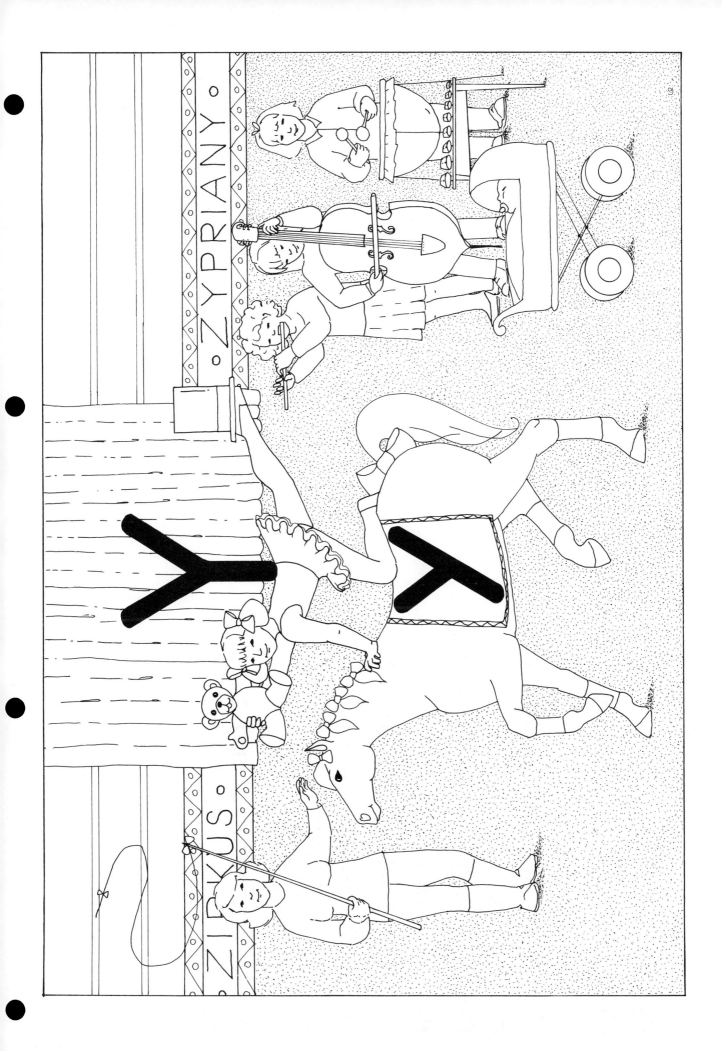

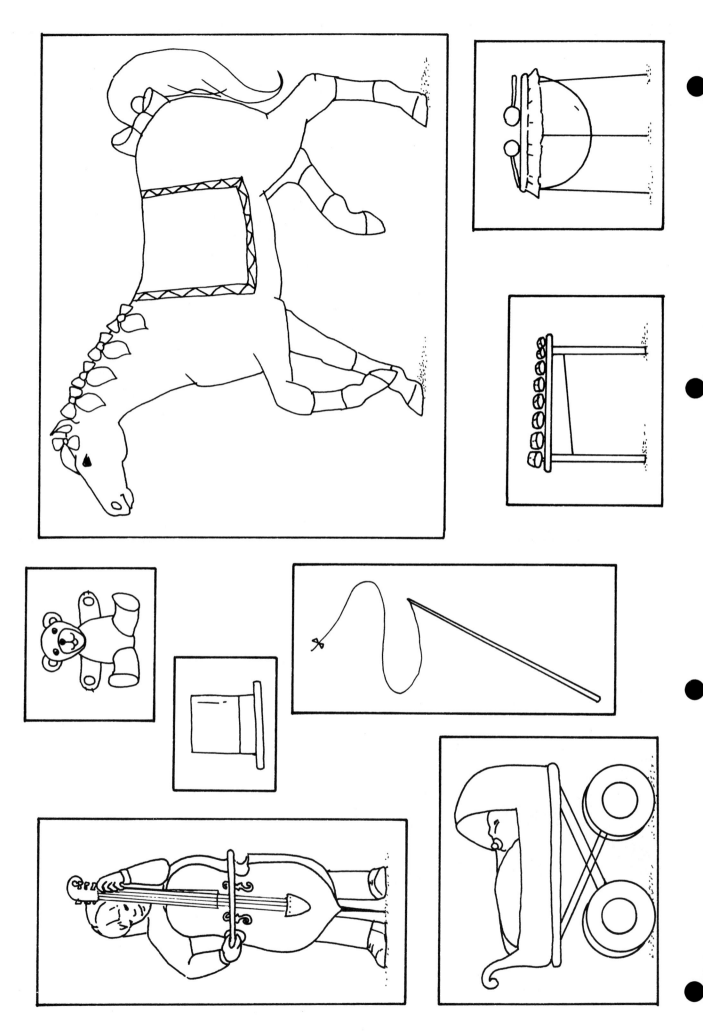

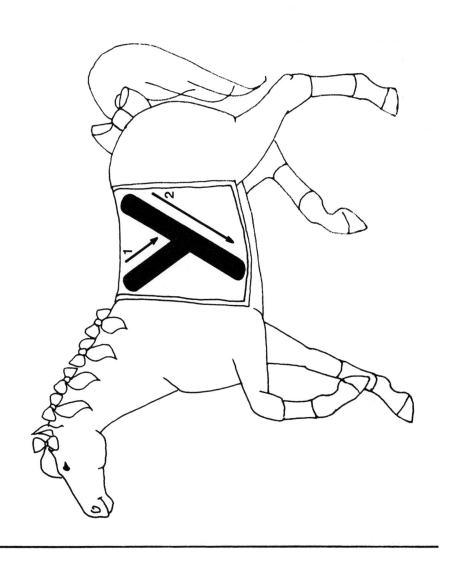

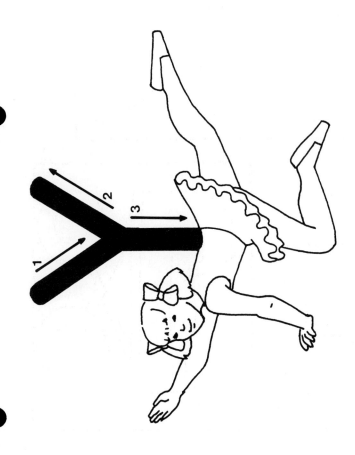

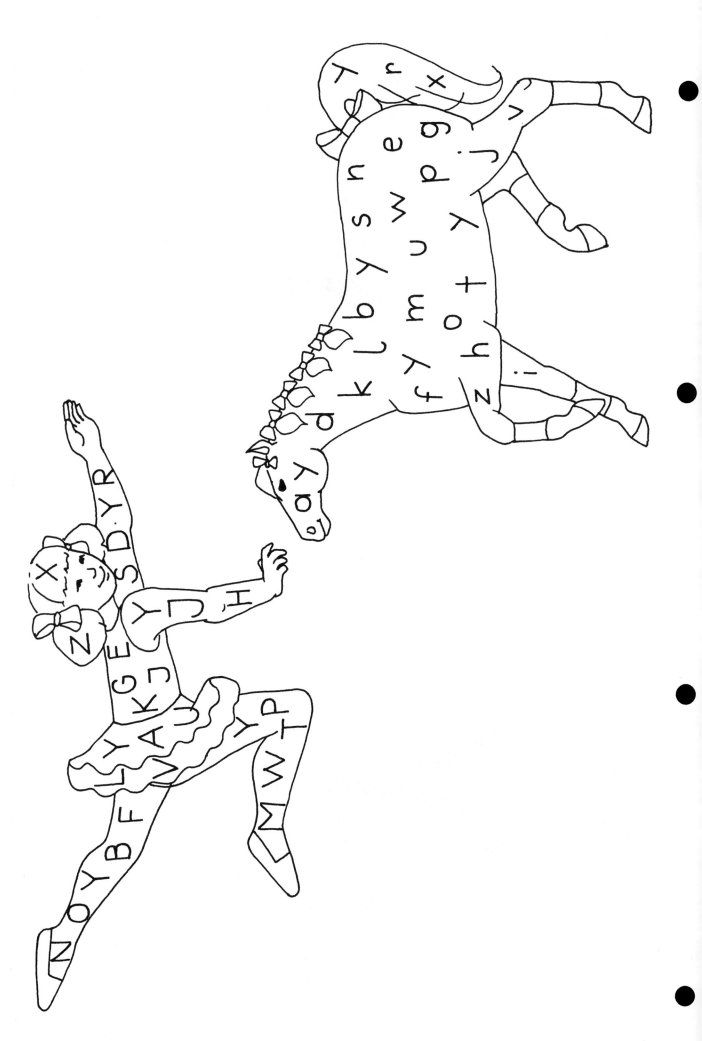

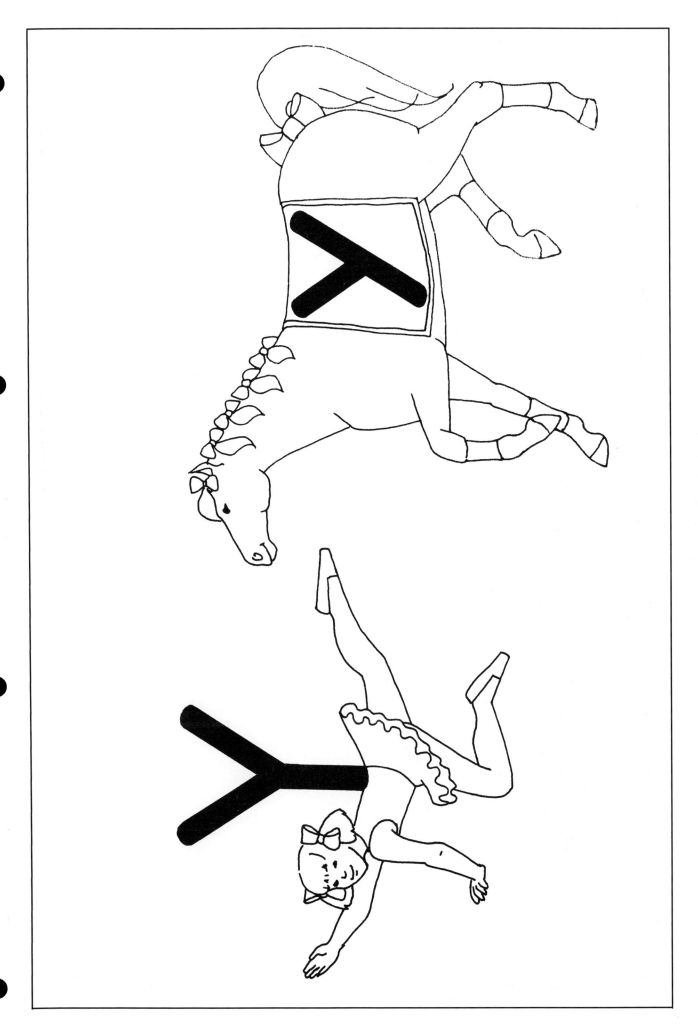

Im Zirkus Zypriany übt die Reiterin Yvonne fleißig auf dem Pony. Heute soll die Vorstellung sein. Andy, die Reitlehrerin knallt mit der Peitsche. „Wirf den Zylinder ganz, ganz hoch und fang in danach auf! ... schön hast du das gemacht. Und jetzt setzt du den Teddybär in den Zylinder. Jawohl! Sehr gut, sehr gut!" Yvonne reitet eine Runde nach der anderen. Die Damenkapelle macht dazu Musik. Betty spielt Flöte, Conny den Kontrabass und Gaby steht an der Pauke und am Xylofon. Sie spielen so schön, dass Bettys Baby daneben ruhig schlafen kann.

Die akustische Diskriminierung des Ypsilons ist sehr problematisch, da Y einmal als i, dann als ü gesprochen wird. Ich würde auf den Vorlesetext verzichten, um ein unnötiges Raten zu vermeiden. Der Fibeltext bietet genügend Wortmaterial zum Üben.

Y 6

A

Das Baby schläft im Wagen.

Die Reiterin ist auf dem Pony.

Die Mädchen machen Musik.

Ein Mädchen haut auf die Pauke.

Der Teddy ist in der Hand.

Das Baby schreit laut.

Die Peitsche liegt auf dem Boden.

Der Teddy reitet auf dem Pony.

Das Mädchen tanzt auf dem Seil.

Ein Junge spielt auf der Flöte.

B

Die Kapelle macht Musik.

Die Frau knallt mit der Peitsche.

Das Pony hat in der Mähne Schleifen.

Ein Mädchen spielt auf der Flöte.

Das Mädchen macht Kunststücke auf dem Pony.

Das Mädchen spielt auf dem Klavier.

Das Pony steht auf den Hinterbeinen.

Das Mädchen hält sich am Schwanz fest.

Der Teddy liegt neben dem Baby.

Die Zuschauer klatschen begeistert.

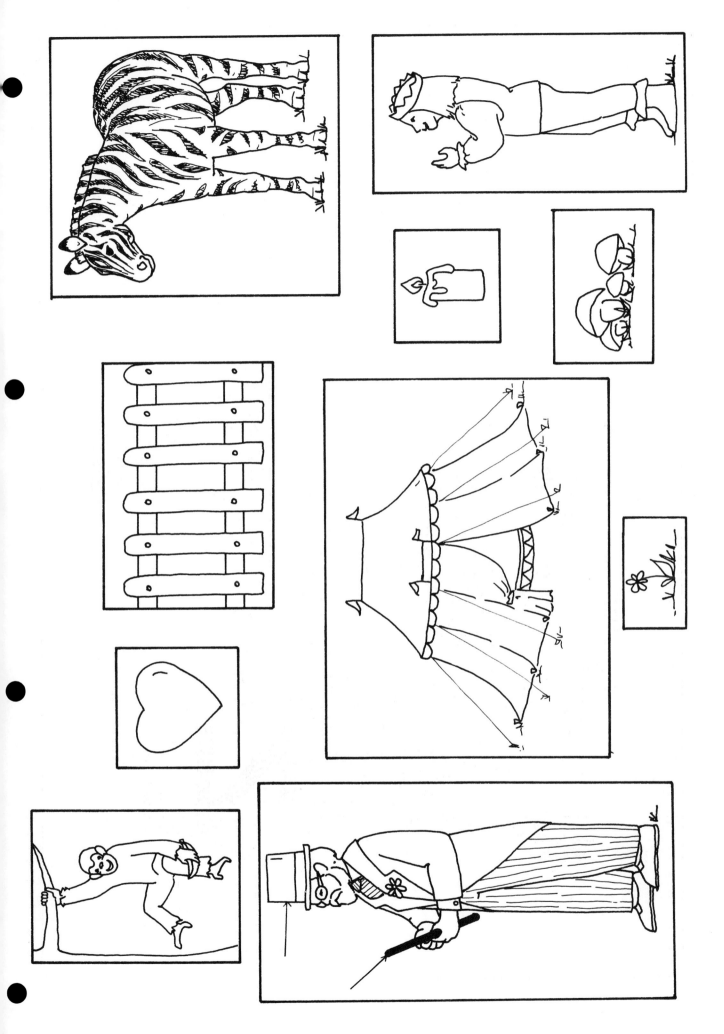

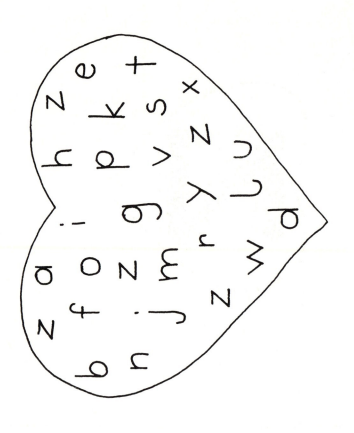

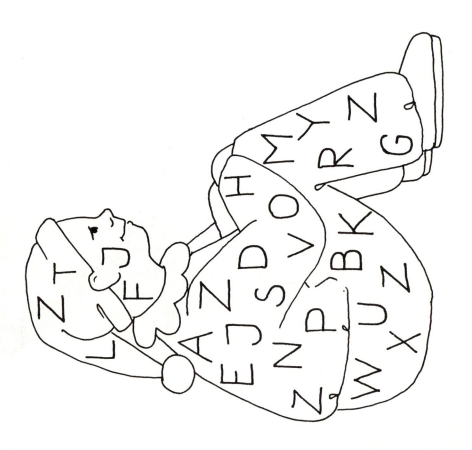

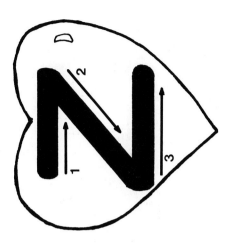

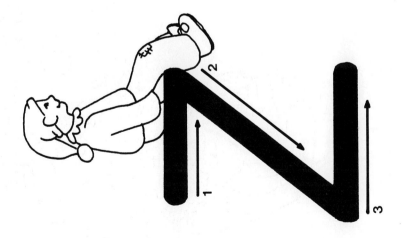

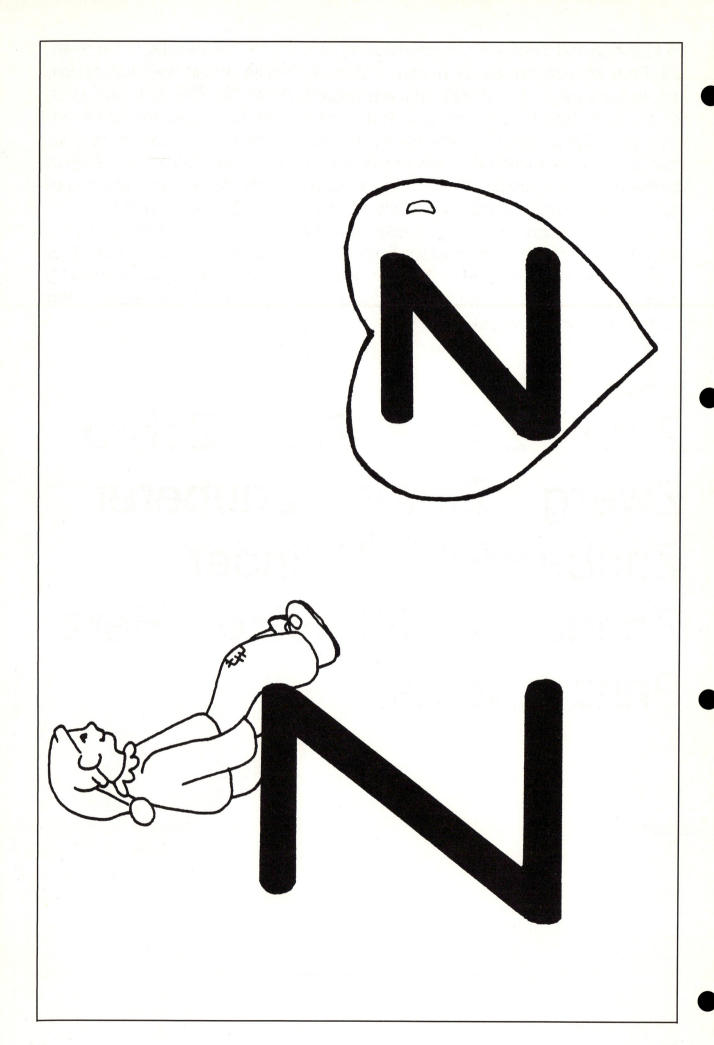

Im Märchenland **Z**imboria gibt es viel **z**u sehen. Im **Z**oo stehen alle Türen offen. Die Tiere können spa**z**ieren gehen, wohin sie wollen. Wenn sie Lust haben, kehren sie **z**urück. Das **Z**ebra überlegt gerade, ob es die Pil**z**e vor dem **Z**aun fressen soll. Gleich daneben lässt Rapun**z**el seinen **Z**opf hinunter, damit der Prin**z** **z**u ihr hinaufklettern kann. Sein Her**z** klopft **z**iemlich laut. Der große **Z**auberer **Z**vonimir übt seine **Z**aubernummer vor dem **Z**irkuszelt. Ob er den falschen **Z**auberstab heute erwischt hat? Denn **z**wischendurch **z**aubert er **Z**uckerregen statt **Z**uckerwatte, **Z**imthasen statt **Z**werghasen, **Z**wetschgensteine statt **Z**wetschgenkuchen oder Wurzelkinder statt **Z**willingskinder. „Soll ich den **Z**auberstab mit der **Z**ange **z**wicken?", fragt der **Z**werg **Z**acharias hilfsbereit. „Das mag er sicher nicht, aber dafür kann er deine Ker**z**e ausmachen, wenn ich will", meint **Z**vonimir. Und ruck**z**uck ist die Ker**z**e ausgegangen. „Na so was", meint **Z**acharias, „nun hat es geklappt."

Wortliste: Z – z

Zopf   Zaun   Zoo   Zebra
Zwerg   Zirkus   Zauberer
Zauberstab   Zylinder
Zange   Zipfelmütze   Herz
Prinz   Kerze

A

Rapunzel wartet auf den Prinzen.

Der Zwerg hat eine Lampe in der Hand.

Die Kerze brennt in der Lampe.

Das Zebra steht im Tor.

Der Zauberer hat eine Brille auf.

Der Prinz sammelt Pilze.

Der Zwerg hat eine Zunge in der Hand.

Der Zauberer zaubert Hasen.

Ein Affe sitzt vor dem Zelt.

Der Zwerg hat einen Rock an.

B

Der Zwerg hält eine Zange in der Hand.

Das Kamel trottet am Zaun entlang.

Der Prinz besucht Rapunzel.

Der Affe hängt an einem Ast im Baum.

Das Zebra will spazieren gehen.

Der Zauberer zaubert Hasen aus dem Hut.

Das Zebra knabbert an den Pilzen.

Der Zwerg zwickt den Zauberer mit der Zange.

Die Kerze ist ausgegangen.

Das Kamel geht in das Zelt.